Falk Bauer & Frank Wilm

Webseiten optimal gestalten

So prüfen und verbessern Sie die Usability Ihrer Homepage

Bibliografische Information der Deutschen Nationalbibliothek:

Die Deutsche Nationalbibliothek verzeichnet diese Publikation in der Deutschen Natio-
nalbibliografie; detaillierte bibliografische Daten sind im Internet über http://dnb.d-
nb.de abrufbar.

Vorwort von Klaus Kobjoll

Als ich 2009 das Vorwort für die Erstausgabe dieses Buches „Der Website-Qualitäts-Check" verfasst habe, waren sämtliche Social Media und Web 2.0 Elemente bzw. Techniken noch im Kommen. Inzwischen sind Facebook, Youtube oder Holidaycheck feste Bestandteile des Marketingmix. Mitmach- statt Pushmarketing heißt die Devise der Gegenwart.

Entsprechend haben auch wir im Schindlerhof uns in Sachen Internet-Marketing-Strategie weiterentwickelt. So haben wir zusammen mit t.i.m. bzw. den beiden Autoren dieses Buches in den letzten Jahren einen Videoblog für mich persönlich, einen Stammtrainerblog für unseren Tagungsbereich und diverse Facebook-, Twitter- und Xing-Profile professionell etabliert.

Dennoch bleibt die klassische Imagehomepage wichtiger Bestandteil unserer Arbeit. Sie trägt die wesentlichen Verkaufs- und Informationsprioritäten, die über die Social Media-Kommunikationskanäle allein nicht abbildbar sind.

Die Imagehomepage mithilfe des folgenden, bewährten und erprobten Check-listensystems regelmäßig auf den Prüfstand zu stellen, hat also nicht an Wichtigkeit verloren. Wie tief wir unsere Internet-Marketing-Strategie in unseren Marketingmix integriert haben, zeigt auch die Tatsache, dass wir parallel zur Eröffnung unserer neuen Weinbar Anfang 2013 einen kompletten Onlineshop ins Netz gestellt haben, um damit ganz neue Merchandising-Gewinne zu realisieren.

Jahr für Jahr wird es neue Entwicklungen in diesem Bereich geben. Schön, dass wir mit Falk Bauer und Frank Wilmowicz schon seit vielen Jahren die richtigen Partner gefunden haben für diese spannende Reise in der virtuellen Welt.

Viel Spaß beim Lesen, Analysieren und Handeln.

Machen Sie es gut, aber machen Sie es bald!

Ihr Klaus Kobjoll

1 Über das Buch

Ihre Mitarbeiter sind motiviert und serviceorientiert? Sie können jederzeit und begeisternd Ihre Waren und Dienstleistungen beschreiben, vertreten und verkaufen? Hervorragend! Aber kann das auch Ihre Internetpräsentation?

Die Frage »Ist Ihre Internetpräsentation Ihr bester Mitarbeiter?« können Sie mithilfe dieses Buches selbst beantworten. Prüfen Sie Ihre Internetpräsentation auf Herz und Nieren, nehmen Sie sie Seite für Seite gründlich unter die Lupe, und finden Sie so heraus, wie Sie Ihren Internetauftritt optimieren können.

Dieses Buch ist kein technischer Leitfaden oder ein mit Fremdwörtern überfrachteter Schinken. Es ist ein Arbeitsbuch, das Ihnen anhand von konkreten Aufgaben und Checklisten zeigt, wie Sie Ihre Business-Homepage zu Ihrem besten Mitarbeiter machen.

Während Sie mit dem Buch an Ihrer Internetpräsentation arbeiten, surfen Sie bitte, so viel Sie können. Drucken Sie sich Internetseiten aus, die Ihnen gefallen. Lassen Sie sich von Mitbewerbern und auch von branchenfremden Lösungen in jeglicher Richtung inspirieren! Schließen Sie niemals eine spontane Idee für einen Inhalt oder eine Funktion der Internetpräsentation von vornherein aus!

Dieses Buch ist aber auch ein Grundlagenbuch. Es soll Ihnen Türen öffnen und Sie an die wichtigen Themen des Internet-Marketings wie zum Beispiel die Usability, das E-Mail-Marketing oder die Suchmaschinenoptimicrung heranführen. Dieses Buch macht Sie nicht zum Profi in Sachen Webdesign und Programmierung. Aber es macht Ihnen Mut, an und mit Ihrer Internetpräsentation zu arbeiten, und zeigt Ihnen, dass die Erstellung oder Aktualisierung einer Webseite im Wesentlichen den bekannten Regeln des Marketings folgt. Es gibt Ihnen Sicherheit im Umgang mit Agenturen, Kooperationspartnern und Mitarbeitern.

1.1 Die Autoren

Falk Bauer (Jahrgang 1970) kennt das Thema Marketing und Vertrieb seit rund 20 Jahren aus verschiedenen Perspektiven: Nach einer Ausbildung zum Industriekaufmann arbeitete er im Vertrieb eines mittelständischen Industrieunternehmens, später im Außendienst für einen weltweit tätigen Motorenölkonzern.

1999 gründete er zusammen mit Frank Wilmowicz das Unternehmen t.i.m. (team für internet marketing) in Erlangen. Er ist zu 50 Prozent Mitgesellschafter von t.i.m. und verantwortet die Bereiche Unternehmensführung, Kundenbetreuung, Neukundenakquise und kaufmännische Organisation.

Frank Wilmowicz (Jahrgang 1967) gründete direkt nach seinem Studium der Elektronischen Informationstechnik im Maschinenbau 1996 das Unternehmen CHS mit den Schwerpunkten Netzwerkberatung, Software-Entwicklung und Web-Programmierung.

Seit der Gründung des Unternehmens gemeinsam mit Falk Bauer ist er ebenfalls zu 50 Prozent Mitgesellschafter von t.i.m. und dort zuständig für die Bereiche Unternehmensführung, Programmentwicklung, Kundenbetreuung, Webshop-Consulting und Projektorganisation.

1.2 Die Checklisten

Mithilfe der in diesem Buch enthaltenen Checklisten bewerten Sie Ihre eigene Internetpräsentation und erhalten Hinweise darauf, wo und wie Sie Ihren Webauftritt verbessern können.

Konzentrieren Sie sich bei der Bewertung darauf, dass nicht Sie derjenige sind, der die Internetpräsentation erstellt hat, und dass Sie heute mal nicht derjenige sind, der sein Unternehmen aus dem Effeff kennt. Schlüpfen Sie bei der Bewertung so weit wie möglich in die Haut Ihrer Zielgruppe, und stellen Sie sich vor, was Sie gern erfahren wollen, wenn Sie Kunde bei Ihrem Unternehmen wären.

1.3 Der Umgang mit den Checklisten

1.3.1 Die Fragen und die Bewertung nach dem Schulnotensystem

In der linken Spalte der Checkliste stehen immer die Fragen, die Sie sich auf Ihre Internetpräsentation bezogen selbst stellen sollten, um dann nach dem Schulnotensystem zu bewerten, ob die Aufgabe sehr gut (1) oder ungenügend (6) gelöst wurde.

Abfrage	1	2	3	4	5	6	Persönliche Bemerkungen	Priorität
Ist die Seite übersichtlich gestaltet?								
Sind die ersten Informationen auch die wichtigen?								
Sind die Informationen auf der Seite aktuell?								
Werden Handlungsaufforderungen ausgesprochen?								

Bewertung: 1 = sehr gut; 6 = ungenügend – Priorität: 1 = sehr hoch; 6 = unwichtig

1.3.2 Bewertungen und Prioritäten

Ihre Selbsteinschätzungen tragen Sie bitte mit einem Kreuzchen bei der betreffenden Frage und in der entsprechenden Schulnotenspalte ein.

Außerdem wird bei einigen Checklisten die Priorität bewertet: Für die Internetpräsentation einer kleinen regionalen Zahnarztpraxis ist beispielsweise ein englischer Seitenbereich auf den ersten Blick von eher geringerer Wichtigkeit. Also bewerten Sie sich bitte mit einer schlechten Note, weil Sie keine englische Internetpräsentation haben – schreiben dem Punkt aber gleichzeitig eine geringe Priorität zu.

Im Gegensatz dazu sind mehrsprachige Internetpräsentationen unter Umständen für ein Urlaubshotel ein probates Mittel, um neue Kunden z. B. aus dem englischsprachigen Ausland zu akquirieren. Haben Sie in einem solchen Fall keine englischen Seiten innerhalb Ihrer Internetpräsentation etabliert, bewerten Sie sich entsprechend mit einer schlechteren Note – geben diesem Punkt aber gleichzeitig eine hohe Priorität.

Abfrage	1	2	3	4	5	6	Persönliche Bemerkungen	Priorität
Ist die Seite übersichtlich gestaltet?		X						1
Sind die ersten Informationen auch die wichtigen?				X				2
Sind die Informationen auf der Seite aktuell?					X		Leider nicht – das muss sich ändern!	1
Werden zielorientierte Animationen verwendet?						X	Möchte ich nicht	6

Bewertung: 1 = sehr gut; 6 = ungenügend – Priorität: 1 = sehr hoch; 6 = unwichtig

1.3.3 Schlussfolgern und handeln

Eine schlechte Schulnote in Verbindung mit einer hohen Priorität ist somit ein Warnsignal und zeigt Ihnen einen Verbesserungsschritt für Ihre Internetpräsentation. In diesem konkreten Fall überlegen Sie sich also, ob Englisch sprechende Urlaubsgäste in Ihrem Hause mit dem gleichen Service bedient werden können wie deutsche Gäste (Grundvoraussetzung sind z. B. zweisprachige Mitarbeiter). Zu hinterfragen ist natürlich auch, ob Ihnen diese neue Kundengruppe auch den gewünschten wirtschaftlichen Erfolg bringen kann.

Wenn Sie alle organisatorischen Voraussetzungen erfüllen können und die Kalkulationen neben der höheren Auslastung auch stabile Gewinne vorhersagen, dann stellen Sie die neuen englischen Seiten schnellstmöglich online.

1.3.4 Nicht ohne reifliche Überlegung handeln

In diesem Buch werden ausschließlich Denkanstöße und Hinweise auf mögliche Verbesserungspotenziale gegeben. Und wie im klassischen Marketing sind eins zu eins abgekupferte oder übergestülpte Lösungen meist die falsche Wahl. Wägen Sie also wie bisher emotionslos ab, ob eine Marketingmaßnahme oder die Ergänzung Ihrer Internetpräsentation ein realistisches Aufwand-Nutzen-Verhältnis bieten kann.

Das World Wide Web stellt eine gigantische Palette an Funktionen und technischen Möglichkeiten für die Gestaltung, Organisation und Aktualisierung von Internetpräsentationen zur Verfügung. Aber wie ein Künstler wählen Sie bitte immer nur die Farben und Farbkombinationen aus, die den gewünschten optischen Effekt oder Ihre Intention am besten und effektivsten erreichen.

2 Was bedeutet eigentlich Surfen?

Zu Beginn einige Begriffserklärungen: Als Internetpräsentation (oder auch Website) bezeichnet man die komplette Anzahl von Seiten, Navigationen, Verlinkungen, Inhalten, Bildern usw., die im World Wide Web veröffentlicht wurden. Eine Homepage ist die erste Seite einer Internetpräsentation – also die Seite, die angezeigt wird, wenn Sie eine Internet-Domain (z. B. *www.nurguteseiten.de*) in Ihren Browser eingeben.

2.1 Der Dialog

Was passiert, wenn Sie auf einer Internetpräsentation surfen? Sie unterhalten sich mit der Internetpräsentation auf Ihrem Bildschirm! Mit jedem Klick auf einen Navigationspunkt stellen Sie der betreffenden Internetpräsentation eine Frage. Im folgenden Beispiel etwa fragen Sie ein amerikanisches Modeunternehmen mit dem Klick auf den Navigationspunkt »Men«: »Welche verschiedenen Artikel kannst Du mir für Männer anbieten?« Und die Internetpräsentation antwortet: Shirts, Pants usw. Es findet also ein Dialog zwischen Ihnen als Surfer und der Internetpräsentation statt.

Welche Schlussfolgerungen sich daraus für die Gestaltung der Navigationen und Inhalte ergeben, wird in den nächsten Kapiteln eingehend erörtert.

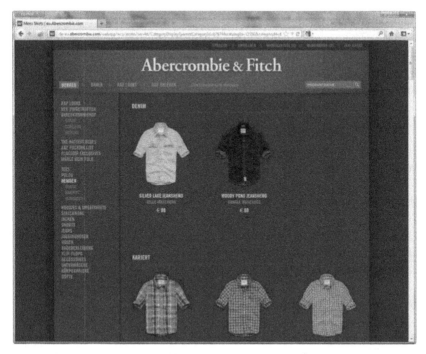

Bild 2.1: Beim Surfen findet ein Dialog zwischen Internetpräsentation und Surfer statt.

Mit jedem Klick auf einen Navigationspunkt, beispielsweise auf »Men«, stellt man dem Anbieter der Internetpräsentation eine Frage und erhält durch weitere Navigationspunkte Untergliederungen (z. B. Polo) und letztendlich durch Inhalte und Informationen Antworten.

Fazit:

Das Surfen auf einer Internetpräsentation entspricht dem klassischen Dialog zwischen einem Verkäufer und einem Kunden.

2.2 Das räumliche Wohlbefinden

Wir Menschen haben uns mehr Instinkte und Gefühle aus unserer tierischen Herkunft erhalten, als wir uns wahrscheinlich eingestehen wollen.

13

Zum Beispiel zeigen die Regeln des Feng-Shui konkret auf, warum man sich in einem Zimmer wohlfühlt oder warum nicht. Beispielsweise sollte man für ein Wohlfühlambiente in der Wohnung keinen Spiegel gegenüber einem Fenster aufhängen. Probieren Sie es einmal aus und achten Sie darauf, was mit Ihnen passiert, wenn Sie einen Raum betreten, in dem dieser Hinweis nicht beachtet wird. Sie fühlen sich irgendwie komisch und treten so schnell wie möglich aus der gedachten Linie zwischen Fenster und Spiegel zurück.

Und dieses Wohlbefinden – oder eben Unwohlsein – haben auch Surfer im World Wide Web.

Beispiel aus dem Offline-Leben:

Ein Kunde fühlt sich unwohl, wenn er in ein Ladengeschäft kommt, das völlig verlottert ist, in dem die Gänge schmal und unübersichtlich oder die Regale völlig überladen sind.

Beispiel aus dem Internet:

Weiß ein Surfer nicht in jedem Moment, in dem er auf einer Internetpräsentation surft, wo er sich gerade befindet, verlässt er fluchtartig die Seite oder versucht über den klassischen Home-Button wieder an den Ausgangspunkt zu kommen.

Fazit:

Klare Navigations- und Inhaltsstrukturen steigern das Wohlbefinden des Surfers und erhöhen automatisch die Zeitspanne, während der er mit der Internetpräsentation in Dialog tritt.

2.3 Unbedingt vermeiden: Versteckspiele

Um Ihnen zu verdeutlichen, wie einfach es doch eigentlich ist, eine erfolgreiche Internetpräsentation bzw. Website zu gestalten, hier noch ein paar Vergleiche zwischen dem traditionellen Offline-Leben und einem Umsetzungsbeispiel aus dem Internetbereich.

Beispiel aus dem Offline-Leben:

Auf allen Produkten in einem Supermarkt sind die wichtigsten Produktinformationen und vor allem die Preise auffällig ausgewiesen. Je einfacher man diese mit anderen Produkten vergleichen kann, umso schneller ist man bereit, sein Geld auszugeben.

Beispiel aus dem Internet:

Findet man auf einer Internetpräsentation die Frachtkosten für eine Warenlieferung erst dann, wenn man sich schon bis zum Warenkorb durchgeklickt hat, ist man frustriert und unsicher, ob man hier wirklich beim richtigen Anbieter gelandet ist.

Bild 2.2: Verkaufsargumente stehen bereits auf der Homepage.

15

Diese Internetpräsentation zeigt sofort und eindeutig, dass Versand und Rückversand kostenlos sind und der Anbieter ein 100tägiges Rückgaberecht einräumt. Das ist vorbildlich.

Fazit:

Wer im Internet surft, möchte wie im realen Leben schnell informiert werden und immer möglichst genau wissen, was als Nächstes auf ihn zukommt. Deshalb ist es wichtig, in Navigation und Inhalten immer alles so offensichtlich wie möglich zu benennen, um den Surfer nicht unnötig aufzuhalten oder gar zu verunsichern.

3 Der erste Schritt: Der Fahrstuhltest

Bevor Sie mit der Arbeit an Ihrer Internetpräsentation beginnen, beherzigen Sie bitte den berühmten Ausspruch des Physiklehrers Prof. Bömmel aus dem Film »Die Feuerzangenbowle«: »Also wat is en Dampfmaschin? Da stelle mer uns janz dumm.«

Das heißt konkret: Schalten Sie jetzt den Gedanken völlig aus, dass Sie in den folgenden Stunden und Tagen zusammen mit diesem Buch an Ihrer Website arbeiten wollen. Vergessen Sie alles, was Ihnen Ihr Computer- und Netzwerkbetreuer zu kostenlosen Software-Paketen erzählt hat, mit denen man alles an der Seite selbst erstellen und ändern kann. Legen Sie vorerst alle Designvorschläge beiseite, die Ihnen Ihre Werbeagentur auf den Tisch gelegt hat – selbst wenn Ihnen die Vorschläge gefallen haben. Denn als Erstes müssen Sie Ihren persönlichen Fahrstuhltest machen. Die Ergebnisse brauchen Sie für fast jedes Kapitel dieses Buches sowie für die Kontrolle und Überarbeitung Ihrer Internetpräsentation.

3.1 Je konkreter und kürzer, umso besser

Stellen Sie sich jetzt bitte vor, Sie steigen in den Fahrstuhl eines neunstöckigen Gebäudes. Im Fahrstuhl steht der Kunde, den Sie schon immer haben wollten. Die Sympathie liegt auf beiden Seiten, denn Sie sind genau der Lieferant, den der Mitfahrer im Fahrstuhl schon immer gesucht hat.

Leider wissen Sie bisher aber beide noch nichts von Ihrer gegenseitigen Traumverbindung. Nutzen Sie also Ihre Chance! Sie haben jetzt im Fahrstuhl einige Augenblicke Zeit, Ihrem Mitfahrer zu erklären, dass Sie genau der Richtige für ihn und sein Unternehmen sind.

Nehmen Sie sich bitte ein Blatt Papier und einen Stift, und bringen Sie so kurz wie möglich auf den Punkt:

• wer Sie sind,

• was Sie für den Mitfahrer tun werden,

• warum Sie besser sind als Ihre Mitbewerber,

• warum es Sie auch in fünf Jahren noch geben wird,

• kurzum: warum Sie der Richtige für Ihren Mitfahrer im Fahrstuhl sind.

3.2 Ziele des Fahrstuhltests

Der Fahrstuhltest klingt einfach, ist es aber nicht. Jeder von uns kann in persönlichen Gesprächen stundenlang über seine Firma referieren. Wir können Texte schreiben, Firmenphilosophien ausarbeiten und Visionen formulieren. Das alles bringt Sie aber für die spontane Akquise Ihres Fahrstuhlmitfahrers oder eine intuitiv erfassbare Internetpräsentation nur bedingt weiter. Sie haben einfach zu wenig Zeit, alles bis ins kleinste Detail zu erklären.

Denken Sie daran, wie Sie selbst surfen: schnell klickend, überfliegend, wild scrollend und hektisch suchend. Es gibt Marktumfragen und Studien, die besagen, dass Texte auf Internetpräsentationen überhaupt nicht gelesen werden.

Erinnern Sie sich bitte außerdem, mit welchen Internetpräsentationen Sie sich gern und ausführlich beschäftigen – mit solchen, die schnell und intuitiv preisgeben, was sie zu bieten haben. Und die Leistungen, Produkte und Informationen kurz und bündig aufgelistet haben. Mit Internetpräsentationen, die Sie neugierig machen und Ihr Interesse wecken.

Genau das ist es, was der Fahrstuhltest erbringen muss: konkrete Stichpunkte und kurze prägnante Leistungsaussagen, griffige Formulierungen und klare Abgrenzungen. Denn je allgemeiner Sie in blumigen Texten formulieren, dass bei Ihnen »die Kunden im Mittelpunkt stehen« und »die Mitarbeiter motiviert und zuverlässig sind«, umso mehr laufen Sie Gefahr, dass ein Interessent Ihre Internetpräsentation verlässt, ohne sie wirklich kennengelernt zu haben.

Scheuen Sie sich nicht, auch komplexe Zusammenhänge und Produkte mit hohem Erklärungsbedarf zu komprimieren. Denn je exakter Sie sich präsentieren, umso präziser sind auch die Anfragen, die Sie von einem Interessenten über Ihre Internetpräsentation bekommen.

Beispiel 1

Bild 3.1: Auf der Homepage stehen die auf den Punkt
gebrachten Resultate des Fahrstuhltests.

Die Louko Druck GmbH ist eine hoch spezialisierte Bogendruckerei und druckt ausschließlich Cover und Umschläge für Kataloge und Hochglanzmagazine. Zutreffend schreibt sie auf ihrer Homepage: »Hochwertiger Bogendruck für Kataloge, Cover, …«. Falsch wäre es zu schreiben: »… die freundliche Druckerei in Ihrer Nähe.« Warum? Mit dem zweiten Text würden auch Familien angesprochen, die sich gern T-Shirts für ein Gartenfest drucken lassen wollen. Aber das kann und will diese Druckerei ja gar nicht!

19

Fazit:

Der Fahrstuhltest ist auch dazu da, die Interessenten auszusortieren, die Sie nicht haben wollen. Haben Sie also den Mut, konkret zu sein, und formulieren Sie Ihre Aussagen höflich und bestimmt. Nehmen Sie sich für die Aufgabe des Fahrstuhltests Zeit und Muße.

3.3 Beispiele und Lösungen

Beispiel 1

Ihren Mitfahrer im Fahrstuhl interessieren und überzeugen Sie schneller mit der Aussage »Unsere Kunden sind: Werbeagenturen in Deutschland und Europa« als mit der allgemeinen Floskel »Bei uns stehen die Kunden im Mittelpunkt«.

Beispiel 2

Ein Ergebnis Ihres persönlichen Fahrstuhltests könnte beispielsweise lauten, dass Sie deutlich längere Öffnungszeiten anbieten als Ihre Mitbewerber und Sie damit ein Alleinstellungsmerkmal gefunden haben. Also sagen Sie Ihrem Fahrstuhlmitfahrer und schreiben auf Ihre Homepage: Unsere persönliche Bestellannahme ist montags bis samstags von 8:00 Uhr bis 18:00 Uhr für Sie da.

Haben Sie den Fahrstuhltest noch nicht vorgenommen, äußern Sie – vielleicht ohne böse Absicht, aber eben nicht auf den Punkt gebracht: »Unsere Mitarbeiter sind immer für Sie da.« Diese Aussage erzeugt falsche Erwartungen.

Beispiel 3

Wichtig für eine erfolgreiche Fahrstuhl-Akquise und eine intuitiv erfassbare Navigationsstruktur ist auch, dass Sie die Dinge ausschließlich bei den Namen nennen, die möglichst von allen Menschen, mindestens aber von Ihrer

Zielgruppe verstanden werden. Verwenden Sie also keine hausinternen Begriffe für Dienstleistungen oder Produkte.

Wenn Sie zum Beispiel äußern, dass Sie sich als Bauträger für Mehrfamilienhäuser mit individuellem Design im norddeutschen Raum einen Namen gemacht haben, werden Sie sehr viel schneller verstanden als mit der Aussage, dass Sie »ein Haus Sonnenblume« im Programm haben.

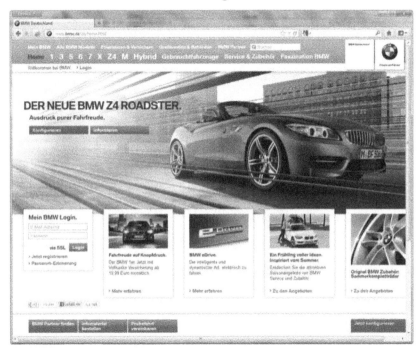

Bild 3.2: Der Fahrstuhltest hilft Ihnen, kurze und konkrete Aussagen zu formulieren.

Zu Bild 3.2: Ob sich die Strategen und Agenturen rund um den BMW-Konzern auch mit einem Fahrstuhltest an das Konkretisieren von Leistungen und Leistungsaussagen herangewagt haben, ist leider nicht bekannt. Fakt ist aber, dass der Slogan »Freude am Fahren« das perfekte Beispiel für eine mit Leben erfüllte Aussage verkörpert.

Beispiel 4

Ein Unternehmen, das auf seiner Homepage kommuniziert: »Ab 200 Euro Bestellwert fracht- und verpackungskostenfreie Lieferung innerhalb Deutschlands, nach Österreich und in die Schweiz«, übermittelt seinen Kunden eine klare und unmissverständliche Botschaft.

Deutlich weniger Sicherheit vermittelt dagegen die Aussage: »Frachtkosten sind abhängig vom Volumen und Gewicht der Sendung.«

4 Der erste Eindruck

»Der erste Eindruck zählt.« Diese Weisheit gilt besonders für Internetpräsentationen. Aus diesem Grund ist die Homepage zugleich auch eine der wichtigsten Seiten Ihres Webauftritts.

Deshalb ist der erste Eindruck, den der Besucher von Ihrer Homepage gewinnt, besonders wichtig. Natürlich ist das Ganze immer auch Geschmackssache. Sie können sich noch so viel Mühe in Sachen Design und Bildern geben – wenn einem Surfer die erste Seite Ihrer Internetpräsentation nicht gefällt, ist er sofort wieder weg und auf dem Weg zu einer anderen Homepage.

Hier helfen Ihnen zum ersten Mal die Ergebnisse des Fahrstuhltests weiter.

4.1 Die ersten Informationen sind die wichtigsten

Eine Internetpräsentation ist kein Roman, bei dem man jede Seite von links oben nach rechts unten liest. Ein Surfer wirft meist nur einen kurzen Blick auf eine Seite, bevor er weiterklickt, herunterscrollt oder sie verlässt.

Verwenden Sie insbesondere auf der Homepage vier oder fünf Stichpunkte aus Ihrem Fahrstuhltest, und zeigen Sie dem Besucher so, was ihn innerhalb Ihrer Internetpräsentation erwartet. Machen Sie Ihren Besucher neugierig, wecken Sie sein Interesse und überzeugen Sie mit kurzen und prägnanten Aussagen von Ihrem Unternehmen, Ihren Produkten und Dienstleistungen. Zeigen Sie, dass es sich lohnt, tiefer in Ihre Webseite einzusteigen.

Übrigens:

»Herzlich willkommen« ist nicht die wichtigste Information!

Beispiel aus dem Internet:

Bild 4.1: Design und Information bestimmen den ersten Eindruck einer Homepage.

»Nette Leute« ist eine subjektive Wahrnehmung, aber keine wichtige Information. Außerdem werden die wichtigen Aussagen und Leistungsinformationen (Software, Hardware usw.) durch die kleinere Schriftart und die Fließtextformatierung optisch vom Slogan »…EDV für nette Leute…« zurückgedrängt. Dadurch fallen beim ersten Eindruck die wichtigen Informationen fast gar nicht auf.

4.2 Klassisches und multimediales Image

4.2.1 Das klassische Image

Ihr Unternehmen hat innerhalb seiner Zielgruppe ein bestimmtes Image: billig, teuer, zuverlässig, innovativ usw. Dieses Image hat sich über Jahre gefestigt, über Ihre Kommunikation und Werbung verbreitet und zeigt sich unter anderem in Ihrem Corporate Design (CD) und Ihrer Corporate Identity (CI).

Was bedeuten Corporate Design und Corporate Identity?

Ihr CD/CI gibt beispielsweise Ihr Logo vor, legt die Farben fest, die Sie zusätzlich bzw. um Ihr Logo herum verwenden können, und definiert Schriftarten und Schriftgrößen, mit denen Sie Ihre klassische Korrespondenz erledigen.

4.2.2 Das multimediale Image

Wenn Sie zum Beispiel Inhaber eines Stadthotels der mittleren Preisklasse mit sehr individuellem Ambiente und liebevoller Dekoration sind, ist es für Sie undenkbar, dass im März noch die Weihnachtsbäume vor dem Eingang stehen. Aber auf Ihrer Internetpräsentation, die 1996 vom Sohn Ihres Radfahrerfreundes für wenig Geld zusammengebastelt wurde, tummeln sich veraltete Bilder Ihres Hauses, werden mitten im Sommer noch die Weihnachtspauschalen des letzten Winters präsentiert. Zudem wirkt das Standarddesign altmodisch.

Ein weiteres Bespiel: Sie besitzen eine Frühstückspension im Allgäu und hätten gern Monteure oder Außendienstmitarbeiter als Dauermieter. Aber für Ihre Internetpräsentation haben Sie sich von einer Werbeagentur ein Schubladendesign erstellen lassen, das zu einem Großstadthotel passen würde.

Sehen Sie die Gefahr?

Fazit

Interessenten bilden sich während des Besuchs Ihrer Homepage und Internetpräsentation ein multimediales Image von Ihnen. Dieses muss unbedingt zu Ihrem klassischen Image passen, das Sie sich über die Jahre aufgebaut haben. Kunden, die Sie kennen, sind verwirrt, wenn sie Ihre Internetpräsentation besuchen und dort ein multimediales Image wahrnehmen, das gar nicht zur bisherigen Wahrnehmung Ihres Unternehmens passen will.

Beispiel aus dem Internet:

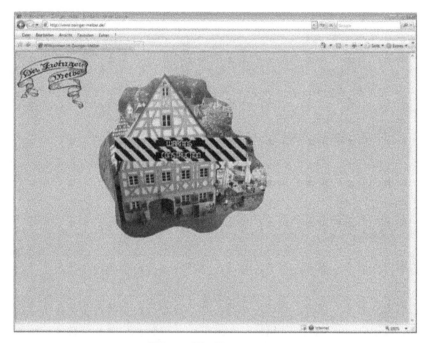

Bild 4.2: Hilfe! Eine Baustelle.

Auf Bild 4.2 bekommt der Besucher keine Informationen. Wird vielleicht sogar das ganze Restaurant umgebaut? Zumindest eine Telefonnummer hätte man abbilden müssen! Bei diesem wunderbaren fränkischen Ausflugslokal sind das klassische und das multimediale Image weit voneinander entfernt.

4.3 Aktualität auf der ersten Seite

Eine Internetpräsentation kann nur erfolgreich sein, wenn sie aktuell ist – ein Thema, bei dem es keinerlei Toleranz gibt und auf das im Laufe des Buches noch genauer eingegangen wird.

Schon auf der ersten Seite Ihrer Internetpräsentation muss der Besucher intuitiv erfassen können, ob Sie regelmäßig an Ihrer Seite arbeiten und wo es aktuelle Informationen gibt, für die es sich lohnt, weiterzusurfen.

Schaffen Sie auf der ersten Seite Platz für Hinweise auf aktuelle Informationen. Planen Sie ein, dass diese Hinweise innerhalb der Internetpräsentation regelmäßig ihr Gesicht verändern müssen. Denn selbst wenn Sie einen Newsticker regelmäßig inhaltlich verändern, wird er über kurz oder lang seiner Rolle als Aktualitätshinweis nicht mehr gerecht. Denn ein Surfer, der öfter Ihre Internetpräsentation besucht, denkt schnell: »Ja, das kenne ich schon.« Also wechseln Sie regelmäßig die Darstellung Ihrer aktuellen Hinweise.

Ein Beispiel: Eine große Sonnenblume weist auf die sommerlichen Gesundheitswochen in Ihrem Hotel hin, und ein Bild vom ersten Schnee in Ihrem Hotelgarten kündigt Ihr Adventsangebot an. Oder ein auffälliger gelber Punkt stellt wie im folgenden Beispiel einen Link zu einer Bestellmöglichkeit für Messetickets dar.

Beispiel aus dem Internet:

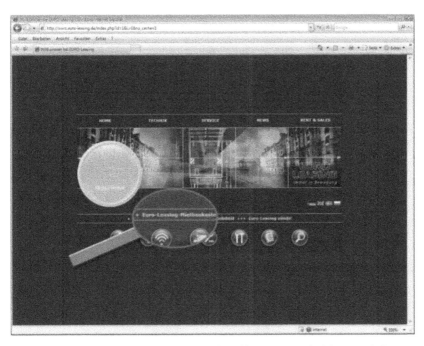

Bild 4.3: Aktuelle Informationen werden auf der Homepage optisch hervorgehoben.

Newsticker und ein Eyecatcher (Augenfänger) in Form eines gelben Punkts repräsentieren auf der Homepage vorbildlich die Aktualität der gesamten Internetpräsentation.

Fazit:

Eine Internetpräsentation muss unbedingt aktuell gehalten werden, und das macht viel Arbeit! Sorgen Sie also dafür, dass Ihre Besucher schon auf den ersten Blick sehen, dass Sie sich diese Arbeit machen und Ihr Webauftritt stets aktuell ist.

Beispiel aus dem Internet

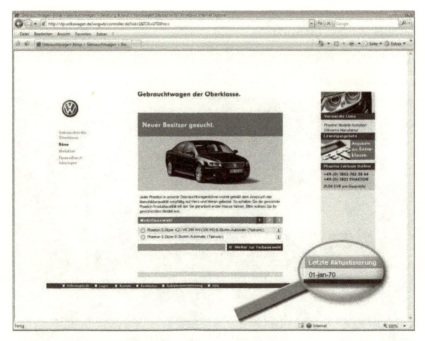

Bild 4.4: Ein lustiger Fauxpas: Der 1.1.1970 als Datum der letzten Aktualisierung.

Da es 1970 noch gar kein Internet gab, kann man sicher davon ausgehen, dass der VW-Konzern nicht seit fast 40 Jahren die gleichen Informationen auf seiner Homepage präsentiert.

4.4 Erklärungen und Beispiele zu den Fragen der Checkliste

1. Frage: Ist die erste Seite übersichtlich gestaltet?

Der erste Eindruck hängt in großem Maß auch davon ab, wie schnell sich der Besucher in die Strukturen einer Internetpräsentation einfinden kann. Dabei gilt es wiederum, eine wichtige menschliche Eigenschaft zu beachten: Wir möchten nicht überrascht werden! Wir erwarten alles an dem Platz, an dem wir es bisher immer gefunden haben, und sind nur ungern bereit, uns an Neues zu gewöhnen.

Beispiel aus dem Internet:

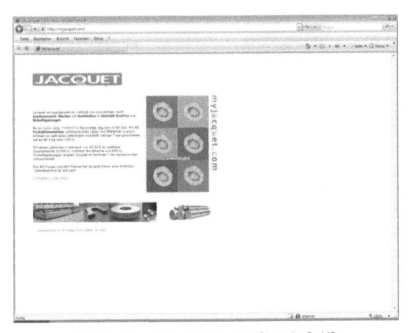

Bild 4.5: Verkauft dieses Unternehmen Obst oder Stahl?

Hier ist das Kerngeschäft der betreffenden Firma leider nicht sofort und intuitiv erkennbar. Im Gegenteil: Die Obstpräsentation will so gar nicht zu den Stahlplatten passen – und von einer Navigation oder einem Hinweis, wie man weiter in die Internetpräsentation einsteigen kann, fehlt jede Spur.

2. Frage: Sind die ersten Informationen auch die wichtigsten?

Beispiel aus dem Internet:

Bild 4.6: Auf den Punkt gebracht und auffällig platziert: die Kernaussagen der Firma POS Hauptmannl.

3. Frage: Sind die Informationen auf der ersten Seite aktuell?

Eine Banalität, die leider im Internet noch oft vernachlässigt wird. Es ist doch eigentlich ein ganz normaler Vorgang, dass ein Ladenbesitzer in der Fußgängerzone seine Schaufensterdekoration ändert, wenn er zum Beispiel die neue Winterkollektion bekommen hat. Umso weniger ist es zu verstehen, dass auf vielen Startseiten von Internetpräsentationen gar keine oder eben längst veraltete Informationen zu sehen sind.

Ein Ladenbesitzer kann selbst neu dekorieren. Es ist deshalb eine Frage seines Fleißes und seiner Disziplin, sein Schaufenster aktuell und attraktiv zu halten. Aber die wenigsten Ladenbesitzer können selbst in Programmiercodes eingreifen, mit Editoren arbeiten oder sogenannte CMS-Systeme (Content-Management-Systeme) bedienen. Somit fallen immer mehr Kosten, Zeit oder Abhängigkeiten von Dienstleistern an, um auch die Internetpräsentation aktuell zu halten. Aber das darf alles keine Ausrede dafür sein, dass im Februar noch das Weihnachtsarrangement auf der Startseite eines Hotels präsentiert wird.

Wie Sie am besten mit dem Thema der permanenten Aktualisierungen umgehen, erfahren Sie in Kapitel 8 »Aktualität«.

Beispiel aus dem Internet:

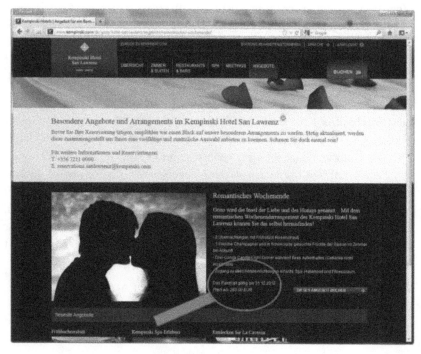

Bild 4.7: Dramatisch inaktuell!

In diesem Beispiel stammt der Screenshot vom 12. April 2013.

Beispiel aus dem Internet:

Bild 4.8: Viele aktuelle Informationen, aber leider wirkt die Homepage überladen.

Diese Startseite wird ständig aktualisiert. Aber hier werden schon fast zu viele Informationen mit zu kleinen Bildern, die zu dicht aneinanderplatziert sind, präsentiert. Das Auge erfasst zwar die Menge an Bildern, aber nicht die einzelnen Informationen. Besser wäre es, weniger Bilder als News-Hinweise zu verwenden, diese dafür aber häufiger auszutauschen.

4. Frage: Werden Handlungs- und Kontaktaufforderungen ausgesprochen?

Der Fahrstuhltest hat ergeben, was Sie Ihren Kunden zu sagen und zu bieten haben, und Sie präsentieren diese Aussagen auch auf Ihrer Homepage. Außerdem ist Ihre Homepage immer aktuell. Der Kunde kann also kommen. Aber wohin soll er eigentlich kommen, und was soll er tun? In den Laden kommen? Einen Verkäufer ansprechen? Die Schnäppchenecke besuchen?

Es kommt also darauf an (das gilt für die Homepage wie für alle weiteren Inhalts- bzw. Navigationsseiten), den Surfer textlich und gestalterisch damit anzusprechen, was er mit Ihrer Internetpräsentation tun kann und wie er mit ihr in Dialog tritt.

Der profane Hinweis »Klicken Sie hier« ist also nicht nur einfach ein Link zu einer weiteren Inhaltsseite. Richtig verwendet, kann er der Einstieg in die aktive Benutzerführung sein. Denn wenn Sie diese Kontakt- und Handlungsaufforderungen richtig einsetzen, gelangt der Surfer nämlich genau zu der Stelle Ihrer Website, an der Sie ihn haben wollen.

Eine solche Stelle nennt man symbolisch Kasse, denn Kassen sind der Inbegriff dessen, was Sie von den Surfern wünschen, die sich auf Ihrer Seite bewegen – Sie wollen, dass sie in irgendeiner Art Kontakt zu Ihnen aufnehmen. Ein Besucher auf Ihrer Internetpräsentation ist erst dann mehr als ein Visit in der Webstatistik, wenn er aus seiner Anonymität heraustritt und sich telefonisch bei Ihnen meldet, ein Kontaktformular ausfüllt, einen Einkauf tätigt, sich für Ihren Newsletter anmeldet oder ein Zimmer oder eine Reise bucht. Kassen sind also alle Interaktivitäten, die anonyme Surfer zu potenziellen Kunden machen. Im besten Fall generieren Kassen natürlich direkten Umsatz und Gewinn.

Aber Achtung: Diese Kontakt-, Handlungs- und Kaufaufforderungen dürfen nur dosiert und punktgenau eingesetzt werden. Fühlt sich ein Surfer bevormundet oder über zu viele Verweise in die Irre geführt, wird er Ihre Internetpräsentation fluchtartig verlassen.

Kontakt-, Handlungs- und Kaufaufforderungen sind zum Beispiel:

• Rufen Sie uns an.

• Klicken Sie hier.

• Den kostenlosen Download starten Sie hier.

• Empfehlen Sie uns weiter.

- Zu unserem Newsletter melden Sie sich hier an.

- Zur Online-Buchung.

- Wir freuen uns auf Ihren Besuch.

- ...

Fazit

Kontakt-, Handlungs- und Kaufaufforderungen sind – wohldosiert eingesetzt – der Übergang von der reinen Informationsdarstellung auf Ihrer Internetpräsentation hin zur aktiven Benutzerführung. Aus anonymen Surfern machen Sie so gezielt Kunden.

5. Frage: Geschmackstest: Entsprechen Design, Bilder, Farben usw. Ihrem klassischen Image?

Internetsurfer sind sehr sensibel, wenn es um die Wahrheit geht. Und sie merken schnell, wenn man Ihnen ein X für ein U vormachen will. Machen Sie sich also nicht größer, als Sie sind, indem Sie zum Beispiel Ihrer Malerwerkstatt das Aussehen einer Designmanufaktur verpassen.

Machen Sie sich aber auch nicht kleiner, als Sie sind, indem Sie für Ihre Internetpräsentation Designelemente aus der Standardschublade verwenden, die Sie und Ihr Unternehmen in keiner Weise angemessen und individuell darstellen.

Leider haben auch Internetpräsentationen ein optisches Verfallsdatum. Man kann sehr schnell sehen, ob die Seite mit dem Wissen und den Programmiertechniken von vor fünf Jahren erstellt wurden. Auch hier müssen Sie handeln, um nicht als angestaubt zu gelten. Denn alles Optische ist Trends und Moden unterworfen und deshalb nie für die Ewigkeit gemacht.

6. Frage: Werden die CD/CI-Vorgaben eingehalten?

Auch wenn Sie die CD/CI-Vorgaben nicht – wie in manchen Konzernen üblich – in meterdicken Ordnern und riesigen Dateien festgelegt haben müssen: Eine einheitliche Außendarstellung ist wichtig für jedes Unternehmen. Zum Beispiel würde Coca Cola niemals von heute auf morgen sein Logo radikal ändern und schon gar nicht seine Internetpräsentation plötzlich in Blautönen gestalten statt im gewohnten Rot.

Beispiel aus dem Internet:

Bild 4.9: Wichtig: Die Wiedererkennung des klassischen CD/CI.

In eindeutigen Elementen wie zum Beispiel dem Logo oder den Navigationspunkten verwendet Coca Cola die Farbe Rot, und es wird wohl auch immer Rot bleiben.

7. Frage: Wie wird die Internetpräsentation auf mobilen Endgeräten dargestellt?

Aktuelle Erhebungen zeigen, dass es inzwischen mehr Smartphones oder Tablet-PCs mit Internetzugang gibt als stationäre Computer oder Notebooks – Tendenz steigend.

Stellen Sie also sicher, dass Ihre Internetpräsentation auf aktuellen Mobilgeräten optimal dargestellt wird und Funktionalitäten/Interaktivitäten auch auf den Displays von Smartphones & Co. bedienbar bleiben.

8. Frage: Strahlt die erste Seite Verbindlichkeit und Seriosität aus?

Für viele Menschen ist das Internet nach wie vor ein großes Unbekanntes, vor dem man im günstigsten Fall Respekt hat. Und die diversen schwarzen Schafe, Betrüger und Verrückten, die sich auch im World Wide Web tummeln, unvorsichtige Surfer abzocken, gefährliche Viren verbreiten, Spionageprogramme oder Spam-Mails versenden, schaffen es leider immer wieder in die Schlagzeilen.

Für Unternehmen, die seriöse Geschäftsmodelle und Firmenpräsentationen im Internet veröffentlichen, ist es also umso bedeutender, seriös und zuverlässig zu wirken. In Kapitel 1 wurde bereits dargestellt, wie wichtig es ist, dass Surfer sich auf Ihrer Internetpräsentation wohlfühlen. Ein Surfer will immer wissen, mit wem er es zu tun hat, wohin und an wen er sich bei Problemen wenden kann und dass mit seinen sensiblen Daten, die er an den Kassen hinterlässt, sorgsam umgegangen wird.

• Sehen Surfer auf Ihrer Homepage gleich die Firmenadresse und eine Telefonnummer?

• Wirkt das Design vertraut und weckt es Vertrauen?

• Sind die Beiträge und Informationen auf der Startseite aktuell?

• Werden Surfer schon auf der Startseite von Mitarbeitern persönlich angesprochen?

• Sind die rechtlich vorgeschriebenen Navigationen zum Impressum und zum Datenschutz sofort zu sehen und anklickbar?

Beispiel aus dem Internet:

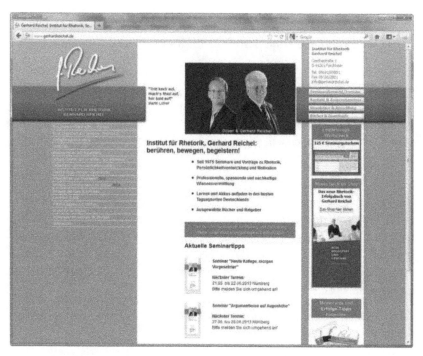

Bild 4.10: Die Homepage als vertrauensbildende Maßnahme.

Die Herren Reichel vom Institut für Rhetorik Gerhard Reichel präsentieren sich auf der Startseite gleich neben den Kontaktdaten. Im unteren Bereich der Seite befinden sich die Navigationspunkte »Impressum« und »Datenschutz«. Diese Art der Darstellung wird von Besuchern als seriös, persönlich und verbindlich empfunden.

9. Frage: Sind die rechtlichen Hinweise zum Impressum und zum Datenschutz wie vorgeschrieben angeordnet?

Die nach dem Telemediengesetz vorgeschriebenen Inhalte und organisatorischen Vorgaben zur Platzierung am Bildschirm bzw. zur Eingliederung in die Navigationsstruktur sind gut und richtig und für den seriösen Auftritt im World

Wide Web unerlässlich. Allerdings sind diese Vorgaben durch permanent angestrengte Unterlassungsklagen, Prozesse und Gegenprozesse in ständiger Bewegung. So war es noch vor einigen Jahren zulässig, das Impressum als Unterkategorie des Hauptnavigationspunktes »Kontakt« zu etablieren.

Das ist heute nicht mehr rechtskonform. Deshalb kann dieses Buch keine dauerhaft verlässlichen Vorgaben machen. Bitte informieren Sie sich jeweils aktuell im Internet, bei professionellen Agenturen oder Rechtsanwälten.

4.5 Die Checkliste »Erster Eindruck«

Bewerten Sie jetzt mithilfe der folgenden Checkliste die erste Seite und den ersten Eindruck Ihrer Internetpräsentation.

Abfrage	1	2	3	4	5	6	Persönliche Bemerkungen	Priorität
Ist die erste Seite übersichtlich gestaltet?								
Sind die ersten Informationen auch die wichtigsten?								
Sind die Informationen auf der ersten Seite aktuell?								
Werden Handlungs- und Kontaktaufforderungen ausgesprochen?								
Geschmackstest: Entsprechen Design, Bilder usw. Ihrem klassischen Image?								
Werden die CD/CI-Vorgaben eingehalten?								
Wie wird die Internetpräsentation auf mobilen Endgeräten dargestellt?								
Strahlt die Seite Verbindlichkeit und Seriosität aus?								
Sind die rechtlichen Hinweise zum Impressum und Datenschutz wie vorgeschrieben angeordnet?								

Bewertung: 1 = sehr gut; 6 = ungenügend – Priorität: 1 = sehr hoch; 6 = unwichtig

5 Bildschirmaufteilung, Grafik und Design

Im vorhergehenden Kapitel wurde bereits kurz geschildert, dass das Design Ihrer Homepage mit dem etablierten, klassischen Image Ihres Unternehmens übereinstimmen muss. Es ist daher selbstverständlich, dass das Design Ihrer gesamten Internetpräsentation an die Vorgaben Ihres Corporate Design (CD) und an Ihre Corporate Identity (CI) angepasst ist. Denn eine einheitliche Außendarstellung ist wichtig für jedes Unternehmen.

Schaffen Sie also auch mit den grafischen Elementen Ihres Webauftritts einen Wiedererkennungswert. Erkennt ein Interessent auf der Internetpräsentation sofort Ihr Logo und Ihre Farben wieder, fasst er intuitiv Vertrauen zur Ihrer Website und beschäftigt sich weiter mit den Inhalten und Texten.

Es ist aber nicht ganz so einfach, klassische CD/CI-Elemente in ein optisch ansprechendes, zur Zielgruppe passendes und gleichzeitig auch intuitiv erfassbares Bildschirmdesign umzusetzen. Deshalb befasst sich dieses Kapitel mit den verschiedenen Regeln der grafischen Gestaltung von Internetpräsentationen.

Insbesondere soll Ihr Blick dafür geschärft werden, dass bei der grafischen Gestaltung von Internetpräsentationen niemals der rein optische Effekt die intuitive Benutzbarkeit (Usability) beherrschen darf. Vielmehr geht es bei der Auswahl der grafischen Elemente, Farben und Effekte immer darum, den Dialog zwischen Surfer und Internetpräsentation so vorzugehen und zu unterstützen, dass der Besucher sich gern mit Ihren Inhalten auseinandersetzt und Spuren in Form von Anfragen, direkten Verkäufen, Downloads usw. an Ihren symbolischen Kassen hinterlässt.

Fazit

Klassische CD/CI-Elemente dürfen niemals pauschal und eins zu eins in ein Design übertragen werden, sondern müssen für die Einhaltung der Regeln einer intuitiv erfassbaren Internetpräsentation (Usability) neu interpretiert werden.

Die Gestaltung einer Internetpräsentation ist natürlich vor allem Geschmackssache und damit eigentlich nicht zu bewerten. Sie werden es niemals schaffen, ein Design zu verwenden, das in den Augen aller als schön, modern, elegant oder sachlich wahrgenommen wird. Besonders wichtig ist aber die konsequente Ausrichtung des Designs an Ihrer Zielgruppe. Der Marketing-Leitsatz »Der Köder muss dem Fisch schmecken und nicht dem Angler« hat auch für Internetauftritte nichts von seiner Bedeutung verloren.

Ein weiteres Bewertungskriterium für den Erfolg oder Misserfolg der Grafik bzw. des Designs ist die Technik, mit der diese den Surfern am Bildschirm dargestellt wird. Wie in der Einleitung versprochen, geht es im Folgenden nicht um technische Details über Browser, Quellcodes oder Bildschirmauflösungen. Aber Ihnen ist in der Vergangenheit sicher schon einmal aufgefallen, dass die gleiche Internetpräsentation auf verschiedenen Computern unter Umständen unterschiedlich dargestellt wird. Oder dass Sie gewisse Teile von Internetpräsentationen nicht oder nur eingeschränkt benutzen und betrachten können, weil gewisse technische Voraussetzungen wie z. B. ein Flash-Player auf Ihrem Computer oder Smartphone fehlen.

Oberste Devise muss es also sein, dass die Zielgruppe, die Ihre Internetpräsentation betrachten und benutzen soll, das auch tun kann – egal von wo aus und unter welchen Umständen. Bei der Aufzählung der jeweils aktuellen Klippen, die es dafür zu umschiffen gilt, stößt dieses Buch an seine Grenzen. Die Entwicklung sowohl der Programmierungstechniken als auch der Darstellungstechniken schreitet unaufhörlich und rasend schnell voran, sodass Ihnen da nur ein Internetexperte bzw. einschlägige Internetinformationen aktuell weiterhelfen können.

Fazit

Eine erfolgreiche Internetpräsentation kann auch schön sein. Grafik und Design sind immer ein Kompromiss zwischen klassischem CD/CI, Zielgruppenausrichtung, optimaler bzw. intuitiver Benutzbarkeit (Usability) und technischen Gegebenheiten (Bildschirmgrößen, Bildschirmauflösungen, Browser-Versionen usw.).

5.1 Das menschliche Leseverhalten an Bildschirmen – die Augenrunde

Kaum zu glauben, aber wahr: Egal ob Europäer, Amerikaner, Chinesen oder Japaner – alle lesen bzw. betrachten eine Internetpräsentation nahezu gleich.

Diverse wissenschaftliche Erhebungen haben ergeben, dass alle Menschen nach einem bestimmten System mit dem Lesen einer Webseite beginnen und sich in einer bestimmten Augenrunde, auch Blickverlauf genannt, über den Bildschirm bewegen.

Die folgende Vorstellung der Augenrunde erhebt keinen Anspruch auf empirische Richtigkeit und wissenschaftliche Vollständigkeit. Die Grafiken sind eine Zusammenfassung und Interpretation von verschiedenen Studien über das Leseverhalten an Bildschirmen und die Verteilung der Aufmerksamkeitszonen.

Wichtig ist der Grundsatz: Wenn man weiß, an welcher Stelle des Bildschirms sich die Surfer länger aufhalten als an anderen und in welchen Bildschirmbereichen Informationen leichter aufgenommen werden als in anderen, dann sollte man sich bei der Gestaltung seiner Internetpräsentation danach richten.

Fazit

Platzieren Sie Ihre symbolischen Kassen und alles, was Sie dem Interessenten mitteilen wollen, an den Stellen des Bildschirms, wo der Surfer sie jeweils am leichtesten wahrnimmt. Richten Sie außerdem den Dialog nach den Erkenntnissen zum Leserverhalten an Bildschirmen aus.

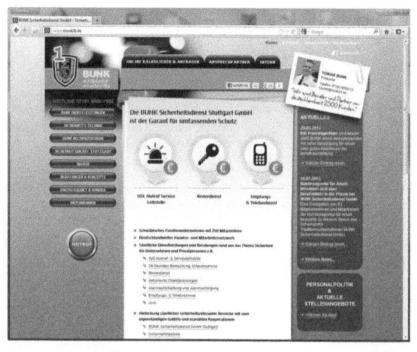

Bild 5.1: 1. Station: Alles beginnt links oben.

Der Beginn der Augenrunde und damit auch der wichtigste Punkt einer Internetpräsentation ist links oben (in der Grafik mit der Ziffer 1 markiert). Egal ob Europäer oder Japaner: An dieser Stelle bzw. in diesem Bereich beginnen alle mit dem Lesen einer Website. Entsprechend sollten in diesem Segment ausschließlich wichtige Informationen und/oder optische Hinweise präsentiert werden.

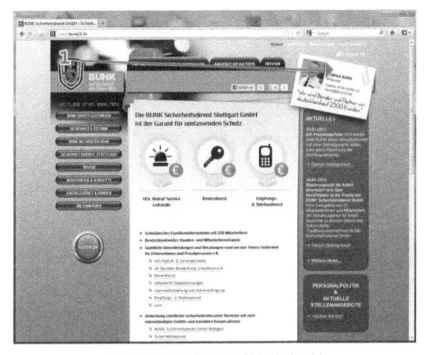

Bild 5.2: 2. Station: Der obere Bildschirmbereich

In der zweiten Phase der Augenrunde bewegt sich der Blick nach rechts und erfasst den oberen Bereich des Bildschirms.

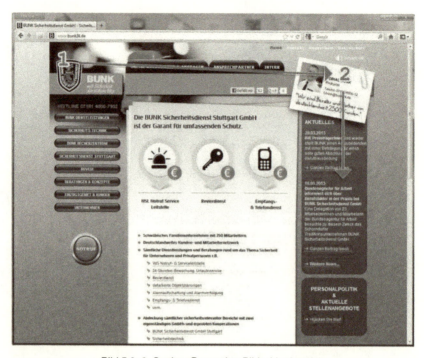

Bild 5.3: 3. Station: Der rechte Bildschirmbereich

Viele Internetpräsentationen haben rechts oben bzw. im gesamten rechten Bildschirmbereich keine Informationen, Links oder Bilder platziert. Warum eigentlich? Bei seiner Augenrunde streift ein Surfer mit den Augen diesen rechten Bereich, bevor er zum eigentlichen Inhaltsbereich in der Mitte des Bildschirms weiterwandert.

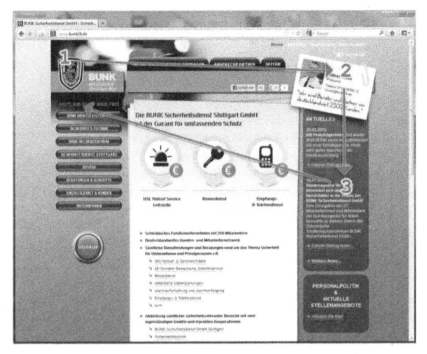

Bild 5.4: Der mittlere Bildschirmbereich wird vorerst nur gestreift.

Erst jetzt, in der vierten Etappe, überfliegt das Auge zum ersten Mal den klassischen Inhaltsbereich einer Internetpräsentation: die Mitte des Bildschirms.

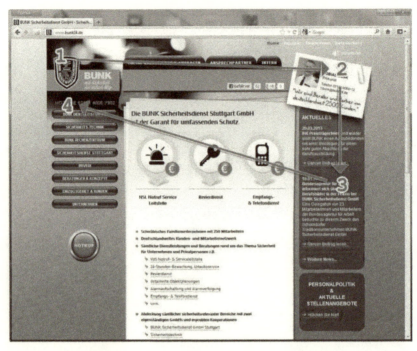

Bild 5.5: 4. Station: Der linke obere Bildschirmbereich

Einige wissenschaftliche Studien besagen außerdem, dass sich das Auge nun im linken oberen Bereich länger aufhält und damit durchaus etwas länger aufnahmefähig ist als auf der bisherigen Augenrunde.

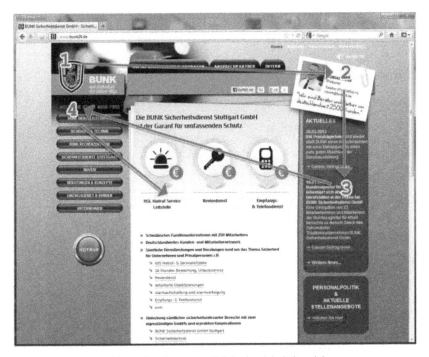

Bild 5.6: Der Sprung zurück in den Inhaltsbereich

Jetzt bleibt das Auge und damit die Aufmerksamkeit in der Mitte des Bildschirms hängen, aber ohne lange dort zu verweilen: Denn sobald der Surfer die Information gefunden hat, die er sucht, verlässt er die Internetpräsentation komplett oder benutzt eine der symbolischen Kassen (Telefonnummern, E-Mail-Adressen, Downloads usw.).

Findet der Surfer während der ersten Augenrunde nicht gleich, was er erwartet und gesucht hat, klickt er entweder auf Navigationspunkte, benutzt die Suchfunktion oder klickt bei seiner Suche nach weiterführenden Informationen auf Links. Diese Infos können entweder auf der Internetpräsentation stehen, auf der sich der Surfer gerade befindet, oder auf einer externen Präsentation.

Erzielt der Besucher den gewünschten Erfolg nicht, so gibt er eine neue Internetadresse in das Adressfeld des Browsers ein oder benutzt eine Suchmaschine.

49

5.2 Platzierung von Webseiten-Elementen nach der Augenrunde

Links oben

Das sollte links oben auf Ihrer Internetpräsentation stehen:

• die Hauptnavigationsleiste,

• Ihr Logo ggf. mit einem kompletten Adressblock,

• der Link zu Ihrem Shop,

• der Hinweis auf ein aktuelles Angebot,

• der Link zu den Ansprechpartnern oder zum Kontaktformular,

• der Hinweis auf Ihren Anfahrtsplan (»So finden Sie zu uns«),

• die kostenlose Servicehotline.

Das sollten Sie vermeiden:

• ein Bild ohne Bezug zu Ihren Produkten, Dienstleistungen und Angeboten,

• leere Flächen.

Beispiel aus dem Internet:

Bild 5.7: Anordnung von Logo und Hauptnavigationsleiste nach der Augenrunde.

Im oberen Bildschirmbereich

Das sollte im oberen Bildschirmbereich Ihrer Internetpräsentation stehen:

• Ihr Slogan bzw. eine Aussage aus Ihrem Fahrstuhltest,

• die Hauptnavigationsleiste,

• Kontaktmöglichkeiten

• Kontakt- und Handlungsaufforderungen

• eine Leiste mit besonders wichtigen Navigationspunkten (z.B. zu einer Online-Buchungsmöglichkeit eines Hotels),

51

• eine interne Suchfunktion oder ein Inhaltsverzeichnis (häufig auch Sitemap genannt).

Beispiel aus dem Internet:

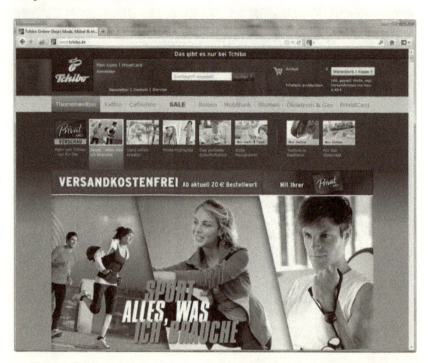

Bild 5.8: Tchibo überlässt nichts dem Zufall, wenn es um den Internetshop geht.

Sie können den Aufbau und die Gestaltung der Tchibo-Webpräsenz immer als Vorbild und Benchmark nehmen. Tchibo platziert unter anderem alle Hauptnavigationspunkte und Untergliederungen im oberen Drittel des Bildschirms.

Im rechten Bildschirmbereich

Das sollte rechts auf Ihrer Internetpräsentation stehen:

• der Warenkorb Ihres Shopsystems,

• Hinweise zu Zahlungs- und Lieferbedingungen,

• Kontakt- und Handlungsaufforderungen,

• Mitarbeiter und diverse personalisierte Kontaktmöglichkeiten,

• interne und externe Verlinkungen,

• Download-Angebote und PDF-Dokumente.

Beispiel aus dem Internet:

Bild 5.9: Werbung im rechten Bildschirmbereich ist kein Zufall.

Die durch ihre Menge und Prägnanz durchaus störende Werbung auf dieser Internetpräsentation ist vorwiegend auf der rechten Seite angeordnet. Auch hier kann man davon ausgehen, dass die entsprechenden Banner und Animationen nicht aus Platzmangel rechts platziert wurden, sondern im Interesse desjenigen, der für die Platzierung der Werbung bezahlt. Denn der möchte natürlich, dass seine Anzeige so häufig wie nur möglich wahrgenommen wird. Der

Beweis, dass es funktioniert: Die Werbung rechts stört Sie – Sie haben sie also wahrgenommen.

In der Mitte des Bildschirms

Das sollte z. B. in der Mitte Ihrer Internetpräsentation stehen:

• Überschriften,

• Aufzählungen,

• kurze Texte,

• Zusammenfassungen von Texten, die auf den folgenden Seiten angezeigt werden,

• Produkt- und Imagebilder,

• Kontaktdaten und Adressen.

Bild 5.10: Optimal: Bilder und Stichpunkte im Inhaltsbereich.

Auf der Augenrunde streift der Surfer jetzt das erste Mal den Inhaltsbereich, ohne sich dort lange aufhalten zu wollen. Deshalb ist zu beachten, dass dort Bilder eingesetzt werden, die Aussagen zu Ihren Angeboten und Produkten machen. Eine andere Möglichkeit ist es, mithilfe kurzer Stichpunkte darzustellen, was den Surfer und Interessenten inhaltlich erwartet, wenn er weiterliest.

Beispiel aus dem Internet:

Bild 5.11: Eindeutig zu viel Text.

Blumige Formulierungen und ausschweifende Texte werden im Internet nur widerwillig gelesen. Mit einer solchen Art der Darstellung laufen Sie Gefahr, dass die Informationen, die Sie weitergeben wollen, schlichtweg überlesen werden. Besser sind knackige Überschriften, Aufzählungen von Fakten und kurze Zusammenfassungen.

Der linke Bildschirmbereich

Das sollte links oben auf Ihrer Internetpräsentation stehen:

• Die Hauptnavigationsleiste

Achtung:

Spezielle Anforderungen an Navigation und Gliederung, Navigationsbenennungen usw. werden detailliert im Kapitel 6 unter »Navigation und Organisation« behandelt.

Das sollten Sie vermeiden:

• zu viele Hauptnavigationspunkte (ideal sind bis zu 12),

• allzu allgemein formulierte Navigationsbenennungen wie »Wir über uns«, »Unsere Leistungen«, »Neues«,

• unternehmensinterne Produktbezeichnungen, die Besucher nicht auf Anhieb verstehen, wie z. B. »Haus Sonnenblume« statt »Zweifamilienhaus«,

• zu kleine Navigations-Buttons und schlecht lesbare Navigationsbenennungen,

• fehlende Navigationsmarkierung (ohne Navigationsmarkierungen lässt sich nicht gleich erkennen, ob und welcher Hauptnavigationspunkt aktuell angeklickt bzw. aktiv ist).

Beispiel aus dem Internet:

Bild 5.12: Raum für Verbesserungen gab es 2009 in allen Bildschirmbereichen.

Diese Internetpräsentation vermittelt den Eindruck, sie sei noch nicht ganz fertig. Speziell auf die Hauptnavigation im linken Bildschirmbereich bezogen fällt auf, dass es nur einen Hauptnavigationspunkt namens »Hauptmenü« gibt. Diese Wahl ist eher unglücklich, sowohl in Bezug auf die wenig aussagekräftige Formulierung als auch angesichts der optischen Gewichtung gegenüber den Unterpunkten.

Besser wäre es, in der gleichen Darstellung und Position wie »Hauptmenü« schon die Punkte »Neuigkeiten« und »Kontakt« zu etablieren. Und noch besser wären dann Ergänzungen wie »Täglich frisch«, »Hochzeitstorten« oder »Neu im Mai«.

Denn streift ein Surfer während der Augenrunde über den linken Navigations-bereich, nimmt er gleich konkrete Informationen über die Navigationsbenen-nungen auf, zum Beispiel, dass es im Mai etwas Neues gibt.

5.3 Der Mensch ist ein Gewohnheitstier!

Zu Beginn des Internets war ein Webauftritt noch ein großes Abenteuer. Erin-nern Sie sich noch daran, als Sie zum ersten Mal etwas von Hyperlinks (Kli-cken Sie hier), E-Mail-Adressen (*info@tim99.de*) und Domains (*www.tim99.de*) gehört haben? Es war technisch faszinierend und gleichzeitig schier unglaublich, dass man einfach so sein Urlaubshotel schon mal am Com-puter ansehen konnte oder gar ein Buch direkt vom Schreibtisch aus bestellen konnte.

Alles war ein großes Spiel und die technischen Effekte waren für die damalige Zeit einfach unbeschreiblich. So konnte man doch tatsächlich ein Bild oder einen Text animieren und ihn aufblinken lassen! Mit dem abenteuerlichen Gefühl im Bauch, sich auf einer großen Entdeckungsreise durch das unbe-grenzte World Wide Web zu befinden, hat man immer gern alles irgendwie ausprobiert. Deshalb war es überhaupt kein Problem, dass gewisse Informatio-nen auf einer Internetpräsentation – ob absichtlich oder eher zufällig, sei da-hingestellt – nicht sofort auffindbar waren.

Kein Problem! Suchen wir sie eben! Von intuitiver Erfassbarkeit, räumlichem Wohlbefinden auf Internetseiten oder gar einer Augenrunde war noch lange nicht die Rede.

Diese Zeiten sind vorbei. Und es herrscht schon lang kein Mangel mehr an Informationen. Ganz im Gegenteil! Wir bekommen viel zu viele Informatio-nen. Die Kunst ist es heute, aus den Unmengen an Infos die richtigen und relevanten herauszufiltern.

Das macht es nicht nur lästig, wenn man den Preis für ein Well-ness-Wochenende und die im Preis enthaltenen Leistungen auf einer Hotelprä-sentation suchen und zusammentragen muss. Sondern man ist einfach nicht mehr in der Lage, auch noch die Informationen nebenbei aufzunehmen, an denen man auf seiner Augenrunde oder während des Dialogs mit der Internetpräsentation vorbeikommt.

Ein kleines Gedankenexperiment: Zu Hause legen Sie Ihren Schlüssel vermutlich immer an denselben Platz, damit Sie ihn am nächsten Tag nicht suchen müssen. Zugespitzt gesagt, erwarten Sie vom Anbieter einer Internetpräsentation, dass er weiß, wo Sie Ihren Schlüssel immer hinlegen, und er diesen deshalb schon mal dort für Sie deponiert hat.

Das klingt natürlich nach einer schier unlösbaren Aufgabe. Denn wie soll ein innovatives Unternehmen aus der Medienbranche als innovativ wahrgenommen werden, wenn seine Internetpräsentation aussieht wie jede andere auch?

Das Zauberwort heißt wieder: Kompromiss!

Fazit:

Funktion (Augenrunde) und Inhalt (Dialog) bestimmen das Design und nicht umgekehrt. Es muss also immer einen Kompromiss zwischen einer innovativen Seitengestaltung und der Orientierung an Nutzergewohnheiten geben. Grafische Innovation und ein cooles Design ja, aber in dem Rahmen, wie es die Internetnutzer gewohnt sind.

Innovativ wäre es etwa, ein Auto zu bauen, bei dem Brems- und Gaspedal vertauscht sind. Im gleichen Maße innovativ ist es, die Navigationsleiste links unten auf einer Internetpräsentation zu platzieren. Im ersten Fall käme es mit Sicherheit zu schweren Verkehrsunfällen. Der zweite Fall hätte einige orientierungslose und verärgerte Surfer zur Folge.

Beispiel aus dem Internet:

Bild 5.13: Die Orientierung an Nutzergewohnheiten und
innovatives Design müssen keine Gegensätze sein.

5.4 Zielgruppenorientiertes Design

Der Satz »Der Köder muss dem Fisch und nicht dem Angler schmecken« hat
im Webdesign nichts von seiner Bedeutung verloren. Achten Sie also immer
darauf, dass das Design auf Ihre Zielgruppe ausgerichtet ist.

Das radikale Fazit »Inhalt und Funktion bestimmen das Design und nicht umgekehrt« aus dem vorherigen Kapitel wird in diesem Abschnitt gleich wieder
ein Stück weit relativiert. Es ist natürlich entscheidend, für wen man welche
Internetpräsentation in welchem Design gestaltet.

Voraussetzung für eine erfolgreiche Gestaltung Ihrer Website ist natürlich auch eine genaue Definition der Zielgruppe.

Tipp:

Mit der inhaltlichen und grafischen Gestaltung einer Internetpräsentation erreichen Sie unter Umständen neue Zielgruppen!

Da Sie in den überwiegenden Fällen Ihre Internetpräsentation nicht selbst gestalten, sondern eine/n Webdesigner/in oder eine Agentur damit beauftragt haben, können Sie natürlich auch erwarten, dass diese Profis sich mit den Denkweisen und Eigenheiten Ihrer Zielgruppen auskennen bzw. sich intensiv in das Thema einarbeiten. Dieses Buch soll Ihnen dabei helfen, Sicherheit im Umgang mit diesen Profis zu erlangen und überprüfen zu können, ob diese Spezialisten Ihr Vertrauen zu ihnen verdienen. Die folgenden Beispiele sollen verdeutlichen, was mit zielgruppenorientiertem Design gemeint ist und welche Fragen Sie sich bei der Überprüfung eines Designs stellen sollten.

Beispiele aus dem Internet:

Bild 5.14: Die Zielgruppe bestimmt das Design.

Die Zielgruppe dieser Zeitschrift sind eindeutig Frauen und Mädchen. Passend zu diesen Lesern wurden warme Farben und emotionale Bilder verwendet. Dieses Design wäre für eine Zielgruppe, die aus männerdominierten Sparten wie Technikern und Ingenieuren besteht, vollkommen unpassend.

Die folgende Internetpräsentation haben wir 2009 gefunden, als wir in Google als Suchbegriff »Sprachkurse für Rentner« eingaben. Es darf bezweifelt werden, dass die sehr gute Auffindbarkeit der Seite bei Google auch den gewünschten Erfolg bei der Akquise von lernwilligen Senioren hat. Denn speziell für Rentner und Senioren ist die Seite zu überladen, die Navigationsflächen sind zu klein, und der Gesamtaufbau ist viel zu technisch.

Bild 5.15: Design und Zielgruppe passten schon 2009 nicht zusammen. Leider existiert die Seite auch heute noch nahezu unverändert.

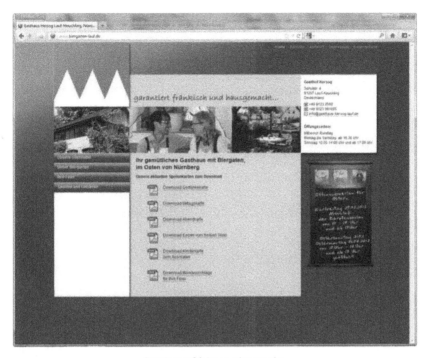

Bild 5.16: Oft ist weniger mehr.

Ob beabsichtigt oder nicht, hier wird die Zielgruppe perfekt angesprochen. Die Botschaft dieses multimedialen Images lautet: Hier kann man(n) gut fränkisch essen.

5.5 Erklärungen und Beispiele zu den Fragen der Checkliste

1. Frage: Wurde eine zur Zielgruppe und zum CD/CI passende Farbauswahl getroffen und auch konsequent auf allen Seiten eingehalten?

Eine Fragestellung, die Sie bereits aus der Bewertung des ersten Eindrucks kennen, wird hier noch einmal für die gesamte Internetpräsentation präzisiert. Sollten Sie zum Beispiel als Grundfarben in Ihrem CD/CI ausschließlich Schwarz und Weiß haben, dann sollten Sie für die Anlage der Navigationen und Farbflächen weitere Töne und komplementäre Farben verwenden. Weiß als dominierende Farbe wirkt sehr schnell kalt und Schwarz allein unter Umständen entweder unseriös oder auch zu edel.

Beispiel aus dem Internet:

Bild 5.17: Wichtig: die Farbauswahl.

Viessmann, Lieferant für Heizungs- und Sanitäranlagen, verwendet für seine umfangreichen Sport-Sponsoringaktivitäten und die damit verbundenen Werbebanner, Trikots usw. einen kräftigen Orangeton. Bei großflächigem Einsatz der Farbe auf der Internetpräsentation wirkte alles wie von der kräftigen Farbe erdrückt.

Daher wird auf der Seite der Orangeton des Logos nur noch dezent verwendet und um verschiedene Grautöne ergänzt. Außerdem entsprechen Bildschirmaufteilung und Gliederung genau der Zielgruppe. Techniker, Handwerker und Ingenieure wollen sachlich und klar strukturiert angesprochen werden.

2. Frage: Ist die Bildschirmaufteilung optisch ansprechend?

Augenrunde, Dialog und Zielgruppe sind wichtig für die Ausrichtung von Grafik und Design. Aber das Internet ist ein optisches Medium, und Darstellungen sollten, soweit es geht, auch gefallen.

Beispiel aus dem Internet:

Bild 5.18: Emotionen wecken mit Design.

Autos sind für viele Menschen pure Emotion. Der deutsche Premiumhersteller Porsche steht mit Sicherheit nicht ausschließlich für sachlichen Nutzwert und schlichtes Design, also darf das Seitendesign hier gern ein wenig üppiger ausfallen.

3. Frage: Entspricht die Bildschirmblickführung dem Leseverhalten und der Augenrunde?

Beispiel aus dem Internet:

Bild 5.19: Zalando zeigt, wie es geht.

Links oben steht bei Zalando das Logo, die Angabe der kostenlosen Beratungshotline, darunter befindet sich die Hauptnavigation. Im rechten Bildschirmbereich stehen dann weitere Informationen, Interaktivitäten und Servicehighlights.

4. Frage: Werden Nutzergewohnheiten berücksichtigt?

Beispiel aus dem Internet:

Bild 5.20: Design ist fast immer ein Kompromiss.

Beim Design müssen fast immer Kompromisse zwischen innovativen Lösungen und der Orientierung an den Nutzergewohnheiten gemacht werden. Die Hauptnavigationspunkte am unteren Bildschirmrand sind eher gewöhnungsbedürftig und könnten ohne Probleme in den oberen Bereich verlegt werden.

5. Frage: Sind Bildschirmaufteilung und Gestaltung auf die Zielgruppe ausgerichtet?

Beispiel aus dem Internet:

Bild 5.21: Perfektes Zielgruppendesign, aber Mängel in der Usability.

Die Zielgruppe der Becks Brauerei ist klar: Jung und dynamisch feiert sie ständig auf coolen Schiffen, und im Hintergrund sieht man immer einen eindrucksvollen Sonnenuntergang. Damit ist die Internetpräsentation in Bezug auf die Zielgruppe und das klassische Markenimage konsequent gestaltet.

Allerdings war 2009 die Bildschirmaufteilung und die Orientierung am gewohnten Nutzerverhalten bei dieser Präsentation lediglich »gerade noch akzeptabel«. Hier musste man immer wieder suchen, wo sich gerade der nächste Navigationspunkt befindet oder die nächste Information angezeigt wird.

Aktuell verbindet die Internetpräsentation der Brauerei modernes Design und gute „Nutzbarkeit" deutlich besser.

6. Frage: Werden Navigationsmarkierungen, Mouseover-Effekte usw. eingesetzt?

Hier geht es wieder um das räumliche Wohlbefinden des Surfers und seinen Wunsch, immer zu wissen, wo er sich innerhalb der Internetpräsentation befindet. Zeigen Sie dem Besucher also auch mit optischen Hilfsmitteln, wo er sich gerade aufhält.

Beispiel aus dem Internet:

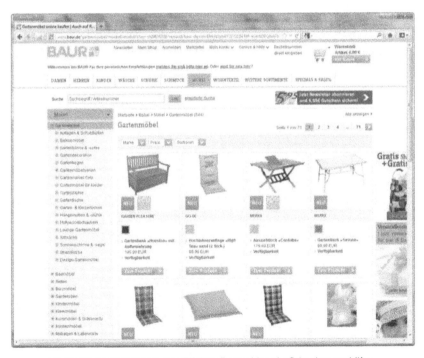

Bild 5.22: Markierungen und Effekte dienen hier als Orientierungshilfen.

69

Die unglaublichen Mengen an Produktkategorien und -untergruppen in eine übersichtliche Navigationsstruktur zu bringen, ist sicher nicht einfach gewesen. Und deshalb verlässt sich der Anbieter auf optische Markierungen innerhalb der Navigation.

Beispiel aus dem Internet:

Bild 5.23: Mouseover-Effekte.

Berührt man Navigationspunkte mit der Maus, ohne sie anzuklicken, verändern sich ihre Farben und/oder Formatierungen. Mit einem solchen Mouseover-Effekt (sinngemäß: mit der Maus darüberfliegen) wird dem Surfer zusätzlich angezeigt, wo er den Dialog fortsetzen kann, und ihm somit die Orientierung erleichtert.

7. Frage: Werden einheitliche Schriftarten und Schriftgrößen verwendet?

Nutzerverhalten und -gewohnheiten gelten selbstverständlich nicht nur für die Gestaltung der Homepage, sondern für die komplette Internetpräsentation. Hat sich der Surfer auf der Homepage also schon daran gewöhnt, dass Überschriften in einer bestimmten Größe und Schriftart dargestellt werden, dann erwartet er diese Form auch auf den folgenden Seiten.

Insgesamt sollte die Anzahl der innerhalb einer Internetpräsentation verwendeten Schriftarten und -größen möglichst limitiert und vereinheitlicht werden.

Beispiel aus dem Internet:

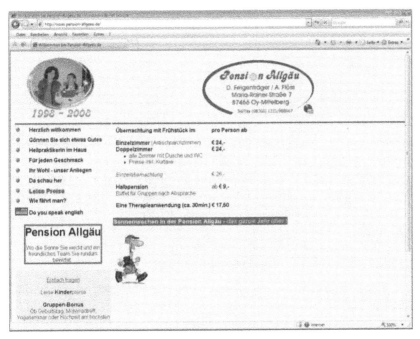

Bild 5.24: Ein Webauftritt ...

Bild 5.25: ... zwei unterschiedliche Aufmachungen.

Zu viele verschiedene Formate und Formatierungen erschweren die Informationsaufnahme. Auf einer Seite ist der Inhaltstext dieser Internetpräsentation linksbündig angelegt, nicht kursiv, und die Schrift ist schwarz. Auf einer anderen Seite ist der Text zentriert, hat blaue Zwischenüberschriften und ist kursiv. Es entsteht fast der Eindruck, als handle es sich um zwei verschiedene Webauftritte.

8. Frage: Sind die Textmengen angemessen?

Eine Studie erbrachte vor einigen Jahren das Ergebnis, dass Interpräsentationen – im klassischen Sinne des Lesens in Form von zusammenhängenden Worten und Sätzen – gar nicht gelesen werden.

Was heißt das für die Inhalte und Texte auf Ihrer Website? Wie schon die Augenrunde gezeigt hat, werden die Inhaltsbereiche einer Internetpräsentation überflogen und nicht vollständig gelesen. Lange Texte wirken im Internet in der Regel eher abschreckend. Fassen Sie sich also kurz, und erklären Sie Zusammenhänge in Form von Überschriften, Zusammenfassungen oder Aufzählungen.

Beispiel aus dem Internet:

Bild 5.26: Kurze Texte, Aufzählungen und Stichpunkte werden schnell wahrgenommen.

Ein ausformulierter Text zum Hauptnavigationspunkt »Überzeugend als Arzt & Chef« wäre viel zu umfangreich, um von einem Interessenten gern und vollständig aufgenommen zu werden. Deshalb wurde der hohe Informationsgehalt auf übersichtliche und leicht erfassbare Stickpunkte komprimiert.

9. Frage: Sind die Textlaufweiten angemessen?

Beispiel aus dem Internet:

Bild 5.27: Unbedingt vermeiden: zu breite Textlaufweiten.

Lähmende Fließtexte und zu breite Textlaufweiten rauben während des Surfens nur die Zeit des Interessenten und lenken eher von den Kerninformationen ab, als sie preiszugeben.

10. Frage: Sind Aktualisierungen der Internetpräsentation problemlos möglich oder durch das Design eingeschränkt?

Eine Internetseite zu aktualisieren kann auch bedeuten, Navigationspunkte und -ebenen zu ergänzen oder zu löschen. Dies sollte jederzeit möglich sein, ohne dass gleich die gesamte Präsentation neu programmiert werden muss.

Neben dem Grundsatz, dass Funktion und Inhalt das Design bestimmen und nicht umgekehrt, gilt auch, dass ein Design auf keinen Fall die Möglichkeiten der permanenten Ergänzungen, Erweiterungen und Aktualisierungen einschränken darf!

Beispiel aus dem Internet:

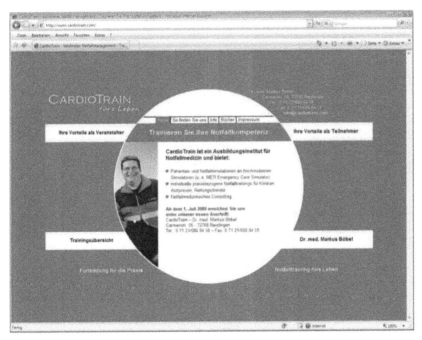

Bild 5.28: Design muss flexibel für Aktualisierungen sein.

Dieses durchaus innovative Design birgt ein großes Risiko: Müssen einmal Navigationspunkte ergänzt oder gelöscht werden, ist nicht nur der optische Eindruck weg, sondern auch die Augenrunde nicht mehr optimal!

5.6 Die Checkliste »Bildschirmaufteilung, Design und Grafik«

Bewerten Sie jetzt mithilfe der folgenden Checkliste die Bildschirmaufteilung, das Design und die Grafik Ihrer Internetpräsentation.

Abfrage	1	2	3	4	5	6	Persönliche Bemerkungen	Priorität
Wurde eine zur Zielgruppe und zum CD/CI passende Farbauswahl getroffen und auch konsequent auf allen Seiten eingehalten?								
Ist die Bildschirmaufteilung optisch ansprechend?								
Entspricht die Bildschirmblickführung dem Leseverhalten und der Augenrunde?								
Werden Nutzergewohnheiten berücksichtigt?								
Sind Bildschirmaufteilung und Gestaltung auf die Zielgruppe ausgerichtet?								
Werden Navigationsmarkierungen, Mouseover-Effekte usw. eingesetzt?								
Werden einheitliche Schriftarten und Schriftgrößen verwendet?								
Sind die Textmengen angemessen?								
Sind die Textlaufweiten angemessen?								
Sind Aktualisierungen der Internetpräsentation problemlos möglich oder durch das Design eingeschränkt?								

Bewertung: 1 = sehr gut; 6 = ungenügend – Priorität: 1 = sehr hoch; 6 = unwichtig

6 Navigation und Organisation

Dieses Kapitel beschäftigt sich mit der Überprüfung bzw. Neuerstellung von Navigations- und Organisationsstrukturen.

Achtung:

Die Überprüfung und/oder Neuerstellung von Internetpräsentationen beginnt niemals mit der Auswahl eines Designs. Vielmehr müssen nach dem Fahrstuhltest und der Zielgruppendefinition die Mengen und Benennungen der Navigationen und Navigationsebenen in einer Art Inhaltsverzeichnis festgelegt werden, bevor das Ganze zu einem Bildschirm gestaltet wird. Wie Sie bereits wissen: Funktion und Inhalt bestimmen das Design – nicht umgekehrt.

Erinnern Sie sich an den Dialog: Das Surfen auf einer Website entspricht dem Dialog zwischen dem Surfer und der Internetpräsentation. Oder noch genauer gesagt, dem klassischen Dialog zwischen einem Verkäufer und einem Kunden. Aus Verkaufsschulungen und Vorträgen kennen Sie bestimmt den Satz »Wer fragt, verkauft«. Wahrscheinlich stammt dieser Satz aus der Rhetorik, denn da gilt: »Wer fragt, führt das Gespräch.«

Diese beiden Aussagen sind im täglichen Leben leicht nachprüfbar. Stellen Sie sich vor, Sie kommen in ein Sportgeschäft, das über mehrere Etagen und Verkaufsräume alles für alle Sportarten zu bieten hat, was man an Ausrüstung, Kleidung und Zubehör jemals brauchen könnte. Dort möchten Sie sich neue Wanderschuhe kaufen. Im günstigsten Fall können Sie mithilfe eines Etagenplans schon einmal das Stockwerk herausfinden, wo Wanderschuhe verkauft werden.

Sehen Sie schon den Zusammenhang? Im Sportkaufhaus fragen Sie den Etagenplan oder einen Angestellten, wo Sie Wanderschuhe finden können. Fragen Sie eine Internetpräsentation, bekommen Sie die Antwort auf der Augenrunde in Form von Navigationspunkten und nähern sich den Wanderschuhen mit Klicks auf die entsprechenden Navigationspunkte und Links. Haben Sie im Sportgeschäft die gesuchte Abteilung mit den Wanderschuhen erreicht, übernimmt der Verkäufer mit seinen Fragen nach dem geplanten Einsatzgebiet der

Schuhe (Park oder Hochalpen), der Größe und der gewünschten Marke den Dialog mit Ihnen.

Die Internetpräsentation führt den Dialog zwar technisch mithilfe weiterer Navigationen und Auswahlmenüs fort, inhaltlich gesehen erreichen im besten Falle aber sowohl der Dialog mit dem Verkäufer als auch der Dialog mit der Internetpräsentation das Ziel: nämlich die gewünschten Wanderschuhe.

Je genauer Sie also einen möglichen Dialog zwischen einem Verkäufer und einem potenziellen Kunden mittels der Navigation Ihrer Internetpräsentation abbilden können, umso sicherer endet er auch in für Sie zählbaren Kontakten, Anfragen oder direkten Verkäufen.

Fazit:

Mit einer durchdachten und cleveren Navigationsstruktur und -benennung, die einen Dialog abbildet, erzielen Sie viel schneller größere und deutlichere Unterscheidungen zu Ihren Mitbewerbern als mit optischen Effekten.

6.1 Die sprechende Navigation

Was im Sportkaufhaus der Etagenplan und der Fachverkäufer übernehmen, muss innerhalb einer Internetpräsentation die Navigation umsetzen. Genau und auf den Punkt gebracht muss sie abbilden, was die logische nächste Frage und somit die nächste Navigationsuntergliederung sein könnte, die den Surfer zu seinem gewünschten Ziel bringt.

Somit ist eigentlich auch klar, wie eine Navigationsstruktur auszusehen hat. In der ersten Ebene steht immer die erste Antwort auf die erste vermeintliche Frage, die der Interessent zum Angebot an Informationen, Dienstleistungen oder Produkten stellen könnte. In den weiteren Navigationsebenen stehen dann jeweils die weiterführenden Antworten auf die nächsten vermeintlichen Fragen, die der Surfer stellen könnte.

Beispiel: Navigationsstruktur einer Modemarke mit Internetshop

Bild 6.1: Navigationen: Frage-, Antwortspiele zwischen
Surfern und Internetpräsentationen

1. Frage: Sind Sie ein Mann, eine Frau …? ➜ Klick auf »men«

2. Frage: Suchen Sie T-Shirts, Polos, Hemden …? ➜ Klick auf »Hemden«

3. Frage: Welcher Style gefällt Ihnen? ➜ Klick auf »Filter: Business«

4. Frage: Welche Farbe bzw. Muster möchten Sie? ➜ Klick auf ein(e) Farbe/Muster

5. Frage: Welche Größe brauchen Sie? ➜ Klick auf eine Größe

So geht das Frage-Antwort-Spiel weiter über den Warenkorb bis zur Auswahl der Versand- und Zahlungsmethode.

Navigationsbenennungen, die einen Dialog abbilden, bezeichnet man auch als sprechende Navigationen. Daraus ergibt sich aber gleichzeitig eine weitere Herausforderung bei der Gestaltung und Benennung von Navigationen für Internetpräsentationen. Navigationen müssen natürlich von denjenigen verstanden werden, für die der Webauftritt erstellt wurde: von Ihrer Zielgruppe!

Achtung:

Die Navigationsstruktur einer Internetpräsentation muss für die Zielgruppe jederzeit und ohne Vorwissen verständlich sein. Daher sollten statt hausinterner Produkt- und Dienstleistungsbezeichnungen allgemeine, umgangssprachliche oder fachgruppenverständliche Begriffe verwendet werden.

Klingt banal. Aber wie die folgenden Beispiele zeigen, können ohne Vorsatz und bösen Willen leicht vermeidbare Fehler in einer Navigationsstruktur gemacht werden.

Beispiele für Leichtsinnsfehler in der Navigationsstruktur:

In der Navigation befinden sich:

• »Leuchtmittel«, aber keine »Glühbirnen«

• ein Haus »Sonnenblume«, aber keine »Mehrfamilienhäuser«

• ein »VZX-Superdooper«, aber kein »Schutzschalter«

• »Ambiente«, aber keine »Zimmer & Preise«

• »Vita«, aber kein »Lebenslauf«

Tipp:

Gibt es für Ihre Informationen, Produkte oder Dienstleistungen mehrere umgangssprachliche oder fachgruppenverständliche Begriffe, dann bilden Sie diese auch doppelt oder mehrfach in Ihrer Navigationsstruktur ab.

Das ist gerade bei umfangreicheren Internetpräsentationen und komplexeren Navigationsstrukturen durchaus zulässig. Denn auch wenn Sie bei der Erstellung oder Überprüfung »Da steht ja schon wieder das Gleiche« denken, wird der Surfer dies größtenteils gar nicht bemerken.

Denn...

... in seinem Dialog mit Ihrer Internetpräsentation sucht sich der Surfer immer nur die Pfade und Informationen heraus, die er gerade braucht. Oder präziser: Kein Mensch der Welt liest eine Internetpräsentation von links oben nach rechts unten durch, wie er ein Buch lesen würde!

»Bitte gib mir so schnell wie möglich und mit so wenig Aufwand wie möglich meine gewünschte Information.« Das ist der Anspruch, den ein Surfer an eine gute Internetpräsentation und damit auch an deren Navigation und Organisation stellt.

Das heißt: Eigentlich ist jeder Klick schon zu viel. Die logische Schlussfolgerung ist: Verwenden Sie für Ihre Navigationsbenennungen keine unnötigen Füllwörter, und vermeiden Sie Navigationspunkte, die die Website unnötig aufblähen und so den direkten Blick auf den vorbereiteten Dialog verstellen.

Beispiele für Füllnavigationspunkte:

In der Navigation befindet sich ein Punkt

• »Unsere Leistungen«, aber nicht direkt »Bäder«, »Heizungssanierung« usw.,

• »Wir über uns«, aber nicht direkt »Spezialgebiet Autogasumbau«,

• »Kontakt« ist ein Füllnavigationspunkt, wenn sonst nirgends ein kompletter Adressblock mit Telefonnummer auf der Internetpräsentation zu finden ist,

• »News & Infos«, aber nicht direkt »Angebot der Woche«.

Ersparen Sie Ihren Besuchern unnötige Klicks in Form von unnötigen Navigationskategorien und Navigationsebenen.

6.2 Navigieren auf Problemlösungspfaden und aktive Benutzerführung

Mit klaren, verständlichen Begriffen und ohne unnötige Klicks oder Navigationsebenen können Sie den Besucher Ihrer Internetpräsentation mit der Navigation direkt abholen und ihn möglichst unmittelbar zu der von ihm gesuchten Lösung führen.

Das Problem ist ein geplanter Ausflug zum Mont Blanc – aber keine passenden Wanderschuhe im Schrank. Die Lösung sind der abgeschickte Warenkorb, wobei der Kunde den Weg der diversen Navigationspunkte und -ebenen gegangen ist, und die pünktliche Lieferung der Wanderschuhe.

Fazit:

Eine effektive Navigationsstruktur kann auch mit dem System des Problemlösungspfades aufgebaut werden.

Denn wenn Sie den Surfer so früh wie nur irgend möglich (das heißt nach so wenigen Klicks wie möglich) mit seinem Problem abholen, umso früher kann er in den von Ihnen vorbereiteten Dialog einsteigen und gelangt umso schneller an sein Ziel – nämlich die Lösung seines gerade akuten Problems.

Somit beinhaltet schon die Formulierung »Den Kunden mit seinem Problem schon in der Navigation abholen« die Erklärung für den Begriff der aktiven Benutzerführung. Denn wenn sich der Surfer auf den Dialog einlässt, bestimmen Sie und Ihre Navigation symbolisch den Weg des Kunden auf Ihrer Internetpräsentation.

Und wie ein guter Verkäufer in einem Geschäft führen Sie den Surfer natürlich dahin, wo Sie ihn am liebsten haben wollen. Nämlich im Fall der Wanderschuhe zu denen mit der höchsten Gewinnspanne für Sie. Oder natürlich nach dem Kauf der Wanderschuhe noch in die Abteilung mit den High-End-Regenjacken. Denn am Mont Blanc kann man auch im Hochsommer von einem schlimmen Gewitter oder gar einem Schneesturm überrascht werden.

Beispiele für Problemlösungspfade:

1. Beispiel:

Statt einer Option »Dachklempnerarbeiten« etablieren Sie den Hauptnavigationspunkt »Dachrinne kaputt?!« mit den Unterpunkten:

• Unternavigationspunkt »Angebote mit Dachsanierung«

• Unternavigationspunkt »Vorteile PVC-Dachrinnen«

• Unternavigationspunkt »Gerüst oder Hebebühne«

• Unternavigationspunkt »Kontakt und Anfrage«

2. Beispiel:

Statt einer Option »Unsere Leistungen« etablieren Sie den Hauptnavigationspunkt »Grabpflege« mit den Unterpunkten:

• Unternavigationspunkt »monatlich kündbar«

• Unternavigationspunkt »Inklusivleistungen«

• Unternavigationspunkt »unverbindliche Anfragen«

• Unternavigationspunkt »Ihre Ansprechpartner«

3. Beispiel:

Statt einer Option »Wir über uns« mit einer Inhaltsseite zu Ihrer Firmenphilosophie etablieren Sie den Hauptnavigationspunkt »Sie profitieren von…« mit den Unterpunkten:

• Unternavigationspunkt »weltweiter Einkauf«

• Unternavigationspunkt »Garantie wie bei Werkskauf«

• Unternavigationspunkt »erfahrene Fachwerkstatt«

• Unternavigationspunkt »aktuelles Neuwagenangebot«

• Unternavigationspunkt »Kontakt und Anfrage«

6.3 Die symbolischen Kassen nicht vergessen!

Sie geben also nach bestem Wissen und Gewissen einen Dialog vor. Doch bisher haben Sie noch nichts weiter erreicht, als dass sich der Surfer auf Ihrer Internetpräsentation bewegt. An dieser Stelle ist zu bemerken, dass es nahezu unmöglich ist, selbst innerhalb einer klar definierten Zielgruppe, für jeden ganz genau die passenden sprechenden Navigationspunkte und Problemlösungspfade zu finden, die er auch wirklich versteht und intuitiv benutzen kann. Sie können es also niemals allen recht machen!

Auch bei dem als Beispiel verwendeten Sportfachgeschäft besteht in den verschiedensten Situationen die Möglichkeit, dass selbst der wirklich interessierte Kunde, der ja dringend zur Gebirgstour an den Mont Blanc möchte, die Wanderschuhe dann doch nicht kauft. Die Gefahr, dass ein Interessent Ihre Internetpräsentation verlässt, ohne in irgendeiner Form mit Ihnen in Kontakt getreten zu sein, mit einem Anruf, einer E-Mail, einer direkten Bestellung usw., besteht also immer wieder.

Dabei hat der Fachverkäufer im Sportgeschäft eher größere Chancen, dass ihm der Kunde nicht durch die Lappen geht, ohne gekauft zu haben, als Sie mit Ihrer Internetpräsentation. Denn wenn ein Interessent im Laden steht, nachdem er bereits 30 Minuten mit dem Auto in die Innenstadt gefahren ist, wenn er bereit ist, 6 Euro im Parkhaus zu bezahlen und es in der näheren Umgebung kein weiteres Sportfachgeschäft gibt, dann wird er den Kauf sicher noch tätigen. Im World Wide Web, und das ist eine Binsenweisheit, ist der nächste Anbieter dagegen immer nur einen Klick entfernt.

Umso wichtiger ist es also, dass Sie, ohne den Surfer bevormunden oder gar manipulieren zu wollen (was dieser sehr schnell merken würde), alles dafür tun, dass er in irgendeiner Form an einer der symbolischen Kassen landet. Denn wenn Sie einen Dialog bzw. eine aktive Benutzerführung aufbauen, dann muss der Weg auch an einer für Sie als Anbieter nutzbringenden Stelle enden.

Der Begriff Kassen ist das Symbol schlechthin für generierten Umsatz und damit für Gewinn. Ein Surfer, der sich nur auf Ihrer Internetpräsentation aufhält, ohne sich bei einer Ihrer Kassen zu melden, ist nur ein Besucher oder Visit in der Web-Statistik. Erst wenn Sie es schaffen, ihn aus seiner Anonymität herauszulocken, haben Sie einen Nutzen aus Ihrem Webauftritt gezogen.

Beispiele für symbolische Kassen:

• eine Telefonnummer, Service- oder Bestellhotline

In der Regel geht es dabei um eine Frage, ein Angebot oder eine Bestellung – und aus dem anonymen Besucher kann ein Kunde werden.

• eine zentrale oder individuelle E-Mail-Adresse

In der Regel geht es um eine Frage, ein Angebot oder eine Bestellung – und aus dem anonymen Besucher kann ein Kunde werden.

• eine direkte Bestellfunktion oder ein Shop

Die dankbarste aller Kassen, denn hier wird in der Regel direkt Umsatz und Gewinn generiert.

• ein anonymer Download (z. B. einer technischen Dokumentation)

Hier zeigt sich, ob sich der Kunde näher mit Ihrem Angebot auseinandersetzt, die Chancen für einen gewinnbringenden Kontakt steigen.

• ein Download mit einer erzwungenen oder freiwilligen Adresshinterlegung

Der Kunde ist sogar so sehr an Ihrem Angebot interessiert, dass er seine Adressdaten hinterlässt! Die generierte Adresse ist es auf jeden Fall wert, dass ein Mitarbeiter Ihres Unternehmens persönlich nachfasst.

• eine Newsletter-Anmeldung

Der Kunde ist an allgemeinen oder ganz spezifischen Informationen interessiert und möchte regelmäßig Kontakt haben.

Wichtig:

Besonders in Zeiten der Datenschutzskandale namhafter Unternehmen, regelmäßigen Spam-Fluten in E-Mail-Programmen und Werbesendungen von unbekannten Unternehmen gibt niemand gern persönliche Informationen und Daten weiter. Außerdem ist das World Wide Web auch deshalb so beliebt, weil es anonym genutzt werden kann.

Aus diesem Grund ist jeder Kontakt, jede symbolische Kasse, die auf Ihrer Internetpräsentation benutzt wurde, der deutliche Schrei eines Interessenten: »ICH WILL ETWAS VON EUCH!«. Dessen sollten sich vor allem Mitarbeiter bewusst sein, die z. B. eine Anfrage-Mail schnell, umfassend und individualisiert beantworten müssen. Dabei handelt es sich nämlich nicht »schon wieder um jemanden, der so eine blöde Frage hat«, sondern »schon wieder um jemanden, der mein Gehalt zahlen will«.

6.4 Erklärungen und Beispiele zu den Fragen der Checkliste

1. Frage: Ist die Navigation übersichtlich und gut lesbar angelegt?

Wenn Sie sich schon die Mühe machen, eine sprechende Navigation und Problemlösungspfade auszuarbeiten, dann sollten diese auch an einer Stelle stehen, wo sie wahrgenommen werden und gut lesbar sind.

Beispiel aus dem Internet:

Bild 6.2: Ausführlich, groß und leserlich geschrieben – einfach gut.

2. Frage: Gibt es separate Schnellnavigationselemente mit besonders wichtigen Punkten bzw. symbolischen Kassen?

Erinnern Sie sich an die Augenrunde: Die Augen streifen nach dem Einstieg in die Internetpräsentation vom Ausgangspunkt links oben über den oberen Bildschirmbereich nach rechts. Ein guter Ort also, um schon hier die ersten wichtigen Navigationspunkte und symbolischen Kassen zu platzieren.

Beispiel aus dem Internet:

Bild 6.3: Besonders die symbolischen Kassen werden
optimal auf der Augenrunde platziert.

Für ein Hotel gibt es wohl kaum eine bedeutendere symbolische Kasse als die
direkte Möglichkeit, ein Zimmer online zu buchen. Deshalb ist der zu dieser
Funktion führende Navigationspunkt im oberen Bildschirmbereich angeordnet.
Auch das schon besprochene Prinzip, dass man besonders wichtige Navigationspunkte auch mehrfach in die Navigations- und Organisationsstrukturen
eingliedern kann und soll, wurde beachtet: Das Online-Buchungsformular
erreicht man auch über diverse Unternavigationen.

3. Frage: Sind alle Navigationselemente nach den Regeln der Augenrunde angeordnet, und orientieren sie sich an Nutzergewohnheiten?

Beispiel aus dem Internet:

Bild 6.4: Eher gewöhnungsbedürftig als an Nutzergewohnheiten orientiert.

Die Anordnung der Online-Buchung ist hier vorbildlich. Alles andere aber eher nicht. Die am unteren Bildschirmrand platzierte Hauptnavigationsleiste ist genauso gewöhnungsbedürftig wie die Tatsache, dass weitere Unternavigationspunkte und inhaltliche Untergliederungen fehlen.

4. Frage: Gibt es sprechende Navigationen bzw. Problemlösungspfade?

Beispiel aus dem Internet:

Bild 6.5: Konkrete Leistungsaussagen statt Füllnavigationspunkte.

Sprechende Navigationen können auch in Fällen eingesetzt werden, in denen mehrere Zielgruppen mit jeweils unterschiedlichen Informationen, Produkten und Dienstleistungen über eine Internetpräsentation versorgt werden sollen. Die H. Schalm GmbH ist gleichzeitig Anbieter von hochspeziellen technischen Lösungen, zum Beispiel dem Transport von heißem Blei über mehrere Kilometer durch eine Pipeline, und Wartungsunternehmen für Heizungen und Lüftungsanlagen von Privathaushalten. Mit der angelegten Navigation werden beide Zielgruppen aktiv zu den jeweils relevanten Informationen geführt.

5. Frage: Erfolgt eine aktive Benutzerführung zu den symbolischen Kassen?

Beispiel aus dem Internet:

Bild 6.6: Vom anonymen Surfer zum greifbaren Kontakt.

Erst mit der Benutzung einer symbolischen Kasse wird ein anonymer Surfer zum greifbaren Kontakt. Sie können ja mal versuchen, die diversen Navigationssymbole und Möglichkeiten zum Klicken von Produkten in den Warenkorb auf *www.tchibo.de* zu zählen. Aber zusätzlich gibt es immer wieder auch Verweise zu anderen symbolischen Kassen, z. B. zur Hilfesparte, zu den Filialen in Ihrer Nähe, zu weiterführenden Angeboten usw.

6. Frage: Werden die Navigation und der Dialog durch interne Verlinkungen unterstützt?

Das Hauptaugenmerk sollten Sie unbedingt auf die Benennung, Strukturierung und Platzierung der Navigationspunkte legen. Das WWW hat ja gerade die Eigenschaft, dass alles mit allem irgendwie verknüpft, verlinkt und verbunden werden kann.

Beispiel aus dem Internet:

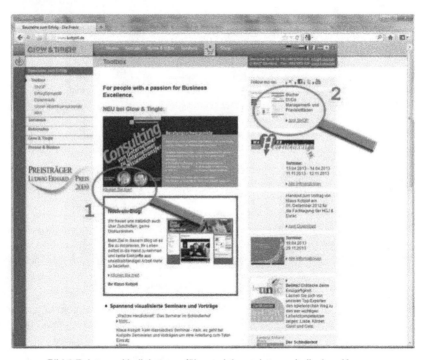

Bild 6.7: Interne Verlinkungen führen aktiv zu den symbolischen Kassen.

Innerhalb dieser Internetpräsentation wurden die beiden wesentlichen Möglichkeiten für interne Verknüpfungen verwendet:

1. Der klassische Textlink (in der Grafik mit der 1 markiert): In einem Text kann man bestimmte Worte, die als anklickbar erkennbar gemacht wurden,

anklicken und gelangt so auf eine Seite mit einem weiterführenden Text. Mit dieser Art von interner Verknüpfung sollte sparsam umgegangen werden. Werden die Textlinks bereits am Anfang eines Inhalts präsentiert, dann kann es leicht passieren, dass der Surfer die Seite per Klick verlässt, ohne weitere Inhalte gelesen zu haben.

2. Der Link aus dem rechten Bildschirmbereich heraus ist hier ein Quicklink. Entweder landet der Surfer nach der Augenrunde, noch vor der inhaltlichen Übersicht zum Seminarprogramm, bei einer symbolischen Kasse, dem Shop (in der Grafik mit der 2 markiert) mit diversen Angeboten zum Bestellen und Downloaden oder nach dem Überfliegen des Inhaltsbereichs bei den Inhalten der Seminare bzw. ebenfalls beim Shop. Er kommt also so oder so zum Ziel! Eine perfekte Lösung.

7. Frage: Verwenden Sie Eyecatcher-Navigationselemente?

Bei der Verdeutlichung von wichtigen Navigationselementen kann und muss das Design helfen. Durch besondere Gestaltungen, Farben oder auch Effekte (sogenannte Eyecatcher = Augenfänger) wird versucht, die symbolischen Kassen hervorzuheben.

Beispiel aus dem Internet:

Bild 6.8: Bilder sagen mehr als Worte.

Hier besteht quasi die gesamte erste Seite aus Eyecatcher-Navigationselementen, die zu den wichtigsten symbolischen Kassen des Hotels führen wie zum Beispiel zur Online-Buchungsmöglichkeit für Zimmer, zum Restaurant mit seinem jeweiligen saisonalen Angebot und zum Tagungsbereich.

8. Frage: Verwenden Sie interne Suchfunktionen, Seitenindizes bzw. Sitemaps oder Inhaltsübersichten?

Oft ist das Angebot an Informationen, Produkten und Dienstleistungen so gigantisch, dass es kaum gleich gut für alle Zielgruppen mit einer klassischen

Navigationsstruktur abgebildet werden kann. Deshalb können Sie sich zusätzlich folgender Hilfsmittel bedienen:

Beispiel aus dem Internet (interne Suchfunktion):

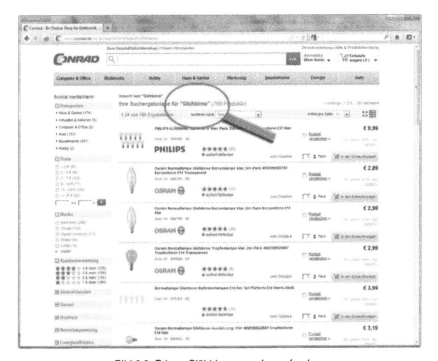

Bild 6.9: Prima: Glühbirnen werden gefunden.

Bei einer internen Suchfunktion durchforstet nach der Eingabe eines Suchbegriffs eine Art Roboter den Inhalt der gesamten Internetpräsentation daraufhin, ob und möglicherweise auch wie oft das eingegebene Suchwort innerhalb eines Textes oder einer Navigation auftaucht. Auf einer Auswertungsseite wird angezeigt, wo überall innerhalb der Internetpräsentation der Suchbegriff gefunden wurde.

Bild 6.10: Noch ein Versuch bei *www.conrad.de*. Auch bei der Eingabe von »Leuchtmittel« werden jede Menge Artikel angezeigt. Interessant ist nur, dass es nicht die gleichen sind wie bei der Eingabe »Glühbirne«.

Hinweis:

Interne Suchmaschinen ergeben nur Sinn, wenn sie Auswertungen zur Verfügung stellen, welche Suchbegriffe eingegeben wurden, welche davon zu Treffern geführt haben und welche nicht. Außerdem muss es möglich sein, Suchbegriffe bestimmten Seiten zuzuordnen, sodass es über kurz oder lang keine Anfragen mehr gibt, die zu keinen Treffern führen.

Außerdem geben die Statistiken wichtige Rückschlüsse und Handlungsvorgaben für die Effektivität der Navigationsstruktur. Taucht in der Statistik immer wieder ein Begriff auf, der eigentlich auch leicht über die Navigationsstruktur zu finden sein sollte, haben Sie eine fundierte

Entscheidungsgrundlage für eine mögliche Verbesserung der Navigationsstruktur!

Beispiel aus dem Internet (Seitenindex bzw. Sitemap):

Eine Sitemap oder ein Seitenindex bietet in der Regel auf einer Inhaltsseite schematisch einen Überblick über die Navigationsstruktur der Internetpräsentation.

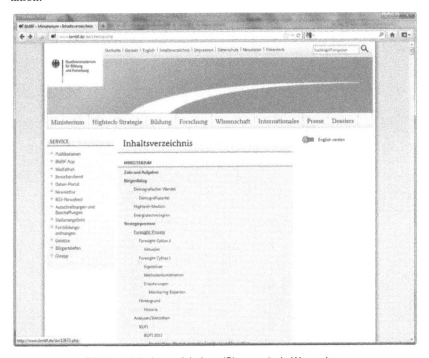

Bild 6.11: Inhaltverzeichnisse (Sitemaps) als Wegweiser.

Aus einem Inhaltsverzeichnis, einer Sitemap oder einem Seitenindex heraus können meistens per Klick die entsprechenden Inhaltsseiten angesteuert werden.

Beispiel aus dem Internet (Inhaltsübersichten):

Inhaltsübersichten entsprechen einem Inhaltsverzeichnis. Wie für Navigation und interne Suchmaschine ist es auch für die Inhaltsübersicht entscheidend, dass einzelne Produkte über verschiedene Wege gefunden werden können. Beispiel: Ein »Prittstift« muss also genauso unter »P« zu finden sein wie unter »K« als »Klebestift«.

Bild 6.12: Tolle Orientierungshilfe: Inhaltsverzeichnisse.

Inhaltsübersichten sind ein sehr gutes Orientierungsmittel für Surfer und Interessenten. Für den Anbieter der entsprechenden Internetpräsentation aber sind sie mit sehr viel organisatorischem Aufwand für die permanente Ergänzung und Pflege verbunden.

98

6.5 Die Checkliste »Navigation und Organisation«

Bewerten Sie jetzt mithilfe der folgenden Checkliste die Navigation und Organisation Ihrer Internetpräsentation.

Abfrage	1	2	3	4	5	6	Persönliche Bemerkungen	Priorität
Ist die Navigation übersichtlich und gut lesbar angelegt?								
Gibt es separate Schnellnavigationselemente mit besonders wichtigen Punkten bzw. symbolischen Kassen?								
Sind alle Navigationselemente nach den Regeln der Augenrunde angeordnet, und orientieren sie sich an Nutzergewohnheiten?								
Gibt es sprechende Navigationen bzw. Problemlösungspfade?								
Erfolgt eine aktive Benutzerführung zu den symbolischen Kassen?								
Werden die Navigation und der Dialog durch interne Verlinkungen unterstützt?								
Verwenden Sie Eyecatcher-Navigationselemente?								
Verwenden Sie interne Suchfunktionen, Seitenindizes oder Inhaltsübersichten?								

Bewertung: 1 = sehr gut; 6 = ungenügend – Priorität: 1 = sehr hoch; 6 = unwichtig

7 Inhalte

Mithilfe der Checkliste am Ende dieses Kapitels prüfen Sie die textlichen Inhalte Ihrer Internetpräsentation. Oberstes Gebot für die Überprüfung und die Erstellung von Texten für Ihre Internetpräsentation muss die Devise sein: »In der Kürze liegt die Würze.«

Unter Verwendung der wichtigsten Punkte aus dem Fahrstuhltest geben Sie bereits auf der Homepage Ihrer Internetpräsentation wesentliche Informationen weiter. Mit der sprechenden Navigation und der Anordnung der Informationen auf den ersten Etappen der Augenrunde haben Sie zusätzlich wesentliche Hinweise auf Ihre Produkte und Dienstleistungen kommuniziert. Aber diese ersten Informationen und Hinweise konnten bisher nur dazu dienen, den Interessenten davon zu überzeugen, dass er auf Ihrer Internetpräsentation genau richtig ist und hier die Lösung für sein gerade akutes Problem finden wird. Oder sie können dazu dienen – auch das eines der Ziele des Fahrstuhltests – Surfer, die Sie ausdrücklich nicht bedienen können oder wollen, schnell davon zu überzeugen, sich anderweitig umzusehen.

Diese ersten Informationen und Navigationspunkte reichen in den meisten Fällen natürlich nicht aus, um z. B. komplexe Dienstleistungsangebote oder Produkte im Detail zu beschreiben. Je nach Angebot brauchen Sie unterschiedliche Mengen an textlichen Informationen innerhalb Ihrer Internetpräsentation. In der Theorie spricht man auch von Produkten oder Dienstleistungen mit hohem oder geringem Erklärungsbedarf.

7.1 Produkte und Dienstleistungen mit hohem oder geringem Erklärungsbedarf

Die Definition, ob ein Produkt oder eine Dienstleistung einen hohen oder eher einen geringen Erklärungsbedarf hat, richtet sich im Wesentlichen nach der Menge an Informationen, die ein Laie benötigt, um die Eigenschaften des Produkts oder der Dienstleistung richtig einschätzen zu können. Die Menge an Informationen, die ein Laie benötigt, ist wiederum von dessen Zielgruppenzugehörigkeit und Vorwissensstand abhängig.

Für die Benennung von Navigationspunkten haben Sie bereits beachtet, dass die angestrebte Zielgruppe diese auch verstehen muss und für Bezeichnungen und Informationen vorrangig landläufig gebräuchliche Begriffe verwendet werden sollten. Erinnern Sie sich bitte an das Beispiel des Navigationspunkts »Leuchtmittel«, der nicht durch einen zusätzlichen Navigationspunkt »Glühbirnen« oder »Energiesparlampen« ergänzt wird.

Sieht z. B. ein Elektroingenieur in einem Online-Shop den Navigationsbegriff »Leuchtmittel«, dann haben dieser Punkt und die folgenden Informationen für ihn einen eher geringen Erklärungsbedarf. Während seiner Ausbildung hat er gelernt, dass »Leuchtmittel« der technisch korrekte Überbegriff für alle Glühbirnen, Energiesparlampen und Ähnliches ist, was der Nichtfachmann hingegen womöglich nicht weiß.

Der Erklärungsbedarf ist in diesem Fall für den Laien höher als für den Elektroingenieur. Bevor Sie also überlegen, welchen Text Sie ändern oder neu erstellen wollen, stellen Sie sich bitte wieder die pragmatische Frage »Was müssen wir wem sagen?«, also die Frage nach der Zielgruppe für die Informationstexte.

Fazit 1:

Wie bei den Navigationsbenennungen bestimmt auch bei der Textgestaltung ausschließlich Ihre Zielgruppe die Wortwahl.

Fazit 2:

Für verschiedene Zielgruppen ist unter Umständen der Erklärungsbedarf für ein Produkt oder eine Dienstleistung unterschiedlich hoch. Je genauer Sie also Ihre Zielgruppe eingrenzen können, umso präziser lassen sich Texte und Informationsmenge auf den Erklärungsbedarf der jeweiligen Zielgruppe abstimmen.

7.2 Informations- und Handlungsprioritäten

Was sind textliche Informationsprioritäten?

Nachdem Sie den zielgruppenbezogenen Erklärungsbedarf für Ihre Produkte und Dienstleistungen definiert haben, können Sie sich jetzt darauf konzentrieren, die Kerninformationen zusammenzustellen, die der Surfer aus Ihrer Sicht unbedingt aufgenommen haben muss, bevor er auf der Augenrunde die textlichen Inhalte in Richtung einer Ihrer symbolischen Kassen verlässt.

Bei diesen Informationsprioritäten handelt es sich immer um eine Mischung aus Produkt- bzw. Leistungsinformationen, angeschlossenen Serviceleistungen und konkreten Unterscheidungsmerkmalen im Vergleich zu den Angeboten Ihrer direkten Mitbewerber.

Dieses Konzentrat an Informationen steht nach der Augenrunde dort, wo der Surfer das erste Mal den klassischen Inhaltsbereich Ihrer Internetpräsentation, also die Mitte des Bildschirms, überfliegt.

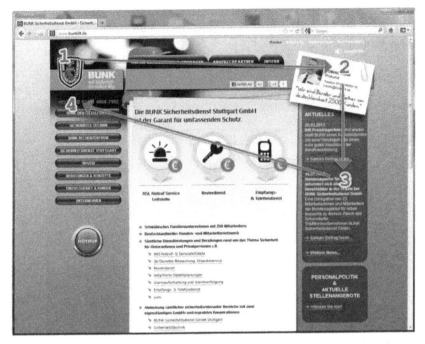

Bild 7.1: Der Inhaltsbereich in der Mitte der Seite ist nicht die erste Station auf der Augenrunde, muss aber Ihre Informationsprioritäten darstellen.

103

Beispiele für Erklärungsbedarf und die Ableitung von textlichen Informationsprioritäten

Beispiel 1:

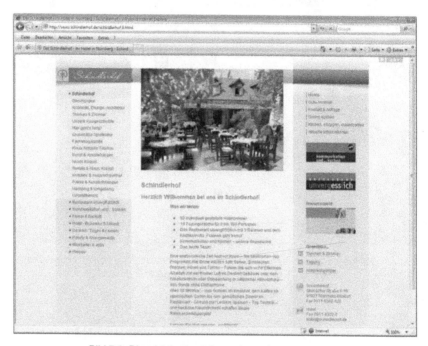

Bild 7.2: Die wichtigsten Informationen kommen zuerst.

Noch bevor diese Internetseite eines Tagungshotels die Besonderheiten der Gebäude und Angebote beschreibt, geht sie in stichpunktartiger Form auf die Anzahl der Zimmer und Tagungsräume ein. Hier liegen also klar die Informationsprioritäten. Bei der Anordnung der Inhalte wurden die Erkenntnisse der Augenrunde berücksichtigt.

Beispiel 2:

Bild 7.3: Was muss der Surfer wissen, bevor er Ihro Internetpräsentation verlässt?

Informationsprioritäten sind alle Aussagen und Informationen, die der Surfer erfasst haben soll, bevor er Ihre Internetpräsentation verlässt. Ein Computer oder Server hat aufgrund der permanenten technischen Weiterentwicklung für jeden Interessenten einen hohen Erklärungsbedarf. Deshalb ist es umso wichtiger, die Informationsprioritäten herauszuarbeiten. Acer hat das auf seinen Seiten sehr gut gelöst. Unter dem Navigationspunkt »Eigenschaften« stehen klar und deutlich Argumente, die den Surfer in Fortführung des Dialogs direkt bei seinem Problem abholen.

Dabei kommen die folgenden Informationsprioritäten zum Zug:

• Schlank

- Leistungsstark

- Unter Kontrolle

- Energieeffizient

Was sind Handlungsprioritäten?

Bei der Festlegung Ihrer textlichen Informationsprioritäten haben Sie kurz und bündig formuliert, was die Interessenten in Ihrem Inhaltsbereich mindestens und unbedingt wahrgenommen haben müssen, damit sie im Dialog weiterführende Informationen anfordern oder zu einer Ihrer symbolischen Kassen wechseln können.

Mit den Handlungsprioritäten legen Sie fest, wie und auf welche Ihrer symbolischen Kassen hingewiesen wird. Bitte unterschätzen Sie diesen Punkt nicht bei der Überprüfung Ihrer Internetpräsentation: Denn wenn Sie sich erinnern, was Sie über das Surfen und den Dialog am und mit dem Bildschirm erfahren haben, dann ist es natürlich wichtig, wie den textlichen Informationsprioritäten die entsprechenden Kontakt- bzw. Handlungsaufforderungen und symbolischen Kassen zugeordnet werden.

Dabei ist es genauso wichtig, einen schlüssigen Dialog zwischen der Internetpräsentation und dem Surfer abzubilden, wie auf einer Benutzerführung zu bestehen, die Ihnen nutzt. Denn Sie müssen den Surfer im Rahmen des Möglichen und vor allem ohne den Versuch der Bevormundung an die symbolischen Kassen führen, die für Sie an dieser Stelle der Website Erfolg versprechen.

Beispiel aus dem Offline-Leben:

Bei einem Besuch im Autohaus meldet sich ein Kunde beim zuständigen Mitarbeiter und möchte eine Dachbox für den Winterurlaub mieten. Da er genau angeben kann, für welches Modell er welche Dachboxengröße für welchen Zeitraum mieten möchte, ist es für den Mitarbeiter des Autohauses kein Problem, den Mietabschluss unter Dach und Fach zu bringen. Die Handlungsprioritäten des Mitarbeiters liegen in diesem Fall darin, den Mietvertrag auszufüllen und einen Termin für die Montage und Abholung der Dachbox zu vereinbaren.

Meldet sich aber ein Kunde telefonisch bei einem Autohaus, der weder genaue Angaben zu seinem Automodell noch zur benötigten Größe der Dachbox machen kann, wäre es die völlig falsche Handlungspriorität des Mitarbeiters, wenn er bereits während des Telefongesprächs den Mietvertrag für den Kunden ausfüllen würde. Vielmehr muss er versuchen, den Interessenten zu einem Besuch mit seinem Auto im Autohaus zu bewegen. Bei diesem Besuch kann er die offenen Fragen vor Ort mit dem Kunden klären.

Fazit:

Im klassischen Dialog zwischen Verkäufer und Interessent bestimmt der Verlauf des Dialogs die Handlungsprioritäten.

Beispiel aus dem Internet:

Bild 7.4: Interessante Handlungsoption bei Karstadt:
Der »Click & Collect Online Filialservice«.

Mit Handlungsoptionen legen Sie fest, was der Surfer mit Ihrer Internetpräsentation machen soll oder wie er weiter mit Ihrem Unternehmen in Kontakt stehen soll.

Auf *www.karstadt.de* gibt es neben den klassischen Online-Bestell- und Lieferfunktionen auch den »Click & Collect Online Filialservice«. Kunden haben damit die Möglichkeit, Waren online zu bestellen und versandkostenfrei in eine Filiale liefern zu lassen. Damit versucht Karstadt ganz dezent, seine Handlungspriorität »Komm in unsere Filiale« durchzusetzen – sehr gut nachvollziehbar. Denn die Wahrscheinlichkeit, dass der Kunde bei Abholung der online bestellten Artikel in der Filiale noch das ein oder andere interessante Angebot zusätzlich einkauft, ist hoch.

Bei der Festlegung der Handlungsprioritäten müssen Sie natürlich unbedingt auch Ihre internen Organisationsstrukturen berücksichtigen. Denn es ergibt natürlich keinen Sinn, als Handlungspriorität die Kontakt- bzw. Handlungsaufforderung zur telefonischen Bestellung von Prospektunterlagen anzugeben, ohne dass Sie – zumindest zu den üblichen Bürozeiten – telefonisch erreichbar sind.

Fazit:

Das Zusammenspiel von Informations- und Handlungsprioritäten gewährleistet unter der Berücksichtigung Ihrer internen Organisationsstrukturen eine effektive Fortsetzung des Dialogs zwischen Surfer und Internetpräsentation und der aktiven Benutzerführung zu den symbolischen Kassen.

7.3 Textformatierungen, Überschriften und Aufzählungen

Der Erklärungsbedarf für Ihre Produkte und Dienstleistungen ist definiert, die Informations- und Handlungsprioritäten stehen fest. Jetzt geht es darum, diese auf das Optimum komprimierten Informationen auch auf dem Bildschirm darzustellen. Das übernimmt in der Regel der Webdesigner oder Programmierer. Dabei greift er normalerweise auf die Regeln zur optimierten Lesbarkeit und intuitiven Erfassbarkeit von textlichen Informationen zurück. Im Folgenden ein paar der wichtigsten Regeln.

Immer die erste Wahl: Überschriften!

Beim Überfliegen der Inhaltsbereiche auf der Augenrunde hoffen die Surfer, die wichtigsten Informationen schnell und unkompliziert zu erfassen. Das gelingt am besten, wenn diese Informationen in den Überschriften enthalten sind.

Außerdem: Überschriften sind nach dem aktuellen Wissensstand auch wichtige Ankerpunkte für die Suchroboter von Suchmaschinen. Steht ein eingegebener Suchbegriff unter anderem auch in einer Überschrift, vergibt z. B. Google sogenannte Wertungspunkte, die neben diversen weiteren Kriterien das Ranking Ihrer Internetpräsentation für den eingegebenen Suchbegriff festlegen.

Wie schon in der Einleitung erwähnt, behandelt dieses Buch das komplexe Feld der Suchmaschinenoptimierung aber nur am Rande.

Beispiel aus dem Internet:

Bild 7.5: Überschriften transportieren zentrale Informationen.

Von den Überschriften »Warum ein Fertighaus als massiv gebautes Modellhaus« oder »Architektenhaus – von A-Z nach Ihren Wünschen« wird das Auge angezogen. In diesem Fall sind die Überschriften so formuliert, dass sie neugierig machen, den darauffolgenden kurzen Text zu lesen.

110

Aufzählung statt Fließtext

Langatmige Formulierungen und blumige Umschreibungen sind die denkbar schlechtesten Varianten, Ihre Informationsprioritäten weiterzugeben. Surfer wollen am Bildschirm nicht konzentriert einen langen Text lesen.

Für die Erstellung eines Hausprospekts brauchen Sie noch immer einen talentierten Texter, der die Schönheit der umgebenden Natur auf den Punkt bringt oder die Ruhe in Ihrem Wellness-Bereich anregend beschreibt. Aber im Inhaltsbereich einer Internetpräsentation müssen Fließtexte möglichst durch kurze, knackige Aufzählungen ersetzt werden.

Beispiel aus dem Internet:

Bild 7.6: Lange Textfahnen auf der Homepage sollten unbedingt vermieden werden.

Auf dieser Homepage steht: »Herzlich willkommen auf der Website der HRP Heinze Gruppe. Die HRP Heinze Gruppe ist die Dachorganisation für die

Unternehmenszweige HRP Heinze Consultants, HRP Heinze Akademie und HRP Heinze Excellence Center. Die HRP Heinze Gruppe beschäftigt sich aus verschiedenen Perspektiven mit der Erhaltung der Leistungsfähigkeit von Menschen – vor allem im Arbeitsumfeld. Dabei ist es das Ziel, die menschliche Schaffenskraft – als die wichtigste Ressource persönlicher und unternehmerischer Entfaltung – durch Training und individuelle Begleitung besser zu schützen und zu erhalten. Mit ihren Angeboten zählt die HRP Heinze Gruppe im gesamten deutschsprachigen Raum zu den führenden Experten auf dem Gebiet der Veränderung von Denk- und Verhaltensweisen. Die Trainer und Unternehmensbegleiter der Gruppe verfügen über umfangreiche, langjährige Erfahrungen, insbesondere in der Gestaltung von Veränderungsprozessen, nach dem Motto: Der Mensch handelt so wie er denkt.«.«

Die Alternative in Form einer kurzen und präzisen Aufzählung könnte lauten: HRP Heinze...

• ... Experten für die Erhaltung der Leistungsfähigkeit von Menschen ...

• ... Spezialisiert auf die Veränderung von Denk- und Verhaltensweisen im gesamten deutschsprachigen Raum ...

• Unser Motto: Der Mensch handelt so wie er denkt.

Textlaufweiten und Formatierungen

Natürlich ist es nahezu unmöglich, im Inhaltsbereich einer Internetpräsentation ganz ohne Fließtexte und ausformulierte Sätze auszukommen. Wenn Sie Fließtexte nicht mehr kürzen oder komprimieren können, dann sollten Sie zumindest zu breite Textlaufweiten vermeiden.

Beispiel aus dem Internet:

Bild 7.7: Die Textlaufweite ist eindeutig zu breit.

Breite Textlaufweiten lähmen den Willen zum Lesen eines Fließtextes am Bildschirm. Zur Verteidigung dieses Beispiels muss gesagt werden, dass der Screenshot die einzige Seite auf der gesamten Internetpräsentation war, bei der die Texte so weit nach rechts auslaufen. Auf allen anderen Seiten sind die Texte gut gegliedert und unter anderem durch neben dem Text platzierte Bilder in ihrer Laufweite begrenzt.

Vermeiden Sie Texte, die in zwei oder mehr Spalten unterteilt sind:

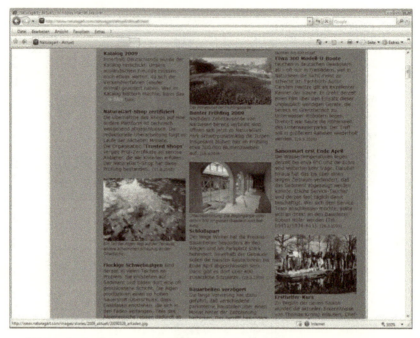

Bild 7.8: Gut für Printmedien, schlecht für Internetpräsentationen: Mehrspaltigkeit.

Mehrspaltige Internetpräsentationen sind purer Stress für die Augen! Nur wenn Sie sich stark konzentrieren, werden Sie nicht von dem Text abgelenkt, der in der Spalte daneben steht. In Zeitungen sind mehrspaltige Texte hervorragend lesbar, innerhalb von Internetpräsentationen sind sie ein absolutes No Go!

7.4 Erklärungen und Beispiele zu den Fragen der Checkliste

1. Frage: Haben Sie den Erklärungsbedarf für Ihre Produkte und Dienstleistungen festgelegt?

Beispiel aus dem Internet:

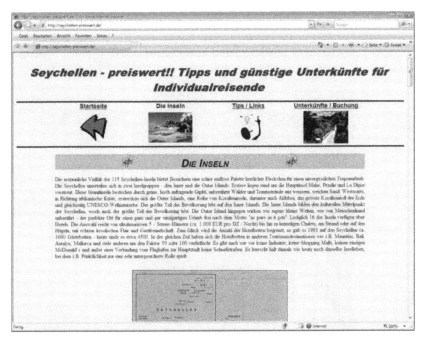

Bild 7.9: Das Bikiniprinzip: Zeigen Sie das Wichtigste, aber nicht alles!

Arbeiten Sie bei der Zusammenstellung Ihrer textlichen Inhalte nach dem Bikiniprinzip: Die Seite soll das Wichtigste zeigen – aber eben nicht alles. Die Betreiber der vorstehenden Website haben dies ganz offensichtlich versäumt und auf Überlegungen zu einer gesunden Mischung aus Produktinformationen, angeschlossenen Serviceleistungen sowie Unterscheidungsmerkmalen zu den Mitbewerbern verzichtet. Die endlosen Texte geben zwar ausführliche Informationen zur Inselgruppe der Seychellen, aber keinerlei Informationen

115

darüber, welche Dienstleistungen der Surfer speziell von *www.seychellen-preiswert.de* angeboten bekommt. Verzichtet wird auch auf die Gliederung der Texte und die Begrenzung der Textlaufweiten.

2. Frage: Stehen Ihre Informationsprioritäten in der ersten Navigationsebene?

Beispiel aus dem Internet:

Bild 7.10: Hier stehen die Informations- und Handlungsprioritäten schon auf der Homepage.

Deutlicher kann man Informations- (»einfache Bedienung«, »Gewichtsanzeige in kg oder lb«) und Handlungsprioritäten (»bestellen«) nicht herausarbeiten.

Wichtig ist aber auch, dass solche Seiten für den Surfer nicht erst nach dem x-ten Klick zu sehen sind, sondern in den ersten Ebenen der Internetpräsentation angezeigt werden. Auch das ist in diesem Beispiel vorbildlich gelöst: Der Screenshot zeigt nämlich gleich die Einstiegsseite bzw. Homepage.

3. Frage: Passen Informations- und Handlungsprioritäten auch zusammen?

Beispiel aus dem Internet:

Bild 7.11: Dieser freundlich aufgemachten Seite fehlt die Interaktionsmöglichkeit.

Surfer sollen sich auf Ihrer Homepage nicht nur informieren, sie können und müssen auch agieren und interagieren. Bei der Seite in Bild 7.11 stellt sich die Frage der Zuordnung von Handlungsprioritäten erst gar nicht. Der gesamten Internetpräsentation ist nicht einmal eine symbolische Kasse in Form einer Telefonnummer zugeordnet.

4. Frage: Gibt es inhaltliche Mehrfachnennungen Ihrer Informationsprioritäten?

Ein großer Vorteil von Internetpräsentationen ist, dass Sie fast unbeschränkt Platz haben, um Ihre Informationen darzustellen. In einem Katalog oder Prospekt müssen Sie sich auf eine bestimmte Anzahl von Seiten beschränken. Bei einer Internetseite haben Sie außerdem immer wieder die Möglichkeit, weiteren Platz für Informationen zu schaffen – etwa in Form von zusätzlichen Navigationspunkten, Navigationsebenen oder Links.

Dabei geht es selbstverständlich nicht darum, Ihre Internetpräsentation willkürlich aufzublähen. Aber gerade Ihre herausgearbeiteten Informationsprioritäten sollen so oft wie möglich eingeblendet sein oder angeklickt werden können. Im ersten Moment könnte es Ihnen gefährlich erscheinen, dass ein Surfer während seines Besuchs auf Ihrer Internetpräsentation eine Seite zwei oder drei Mal angezeigt bekommt. Aber wenn es sich dabei um die wichtigsten Informationen handelt, die der Surfer unbedingt erfassen soll, bevor er Ihre Webpräsenz wieder verlässt, sollten Sie pragmatisch daran denken, dass eine Internetpräsentation nicht wie ein Buch von der ersten bis zur letzten Seite gelesen wird.

Beispiel aus dem Internet:

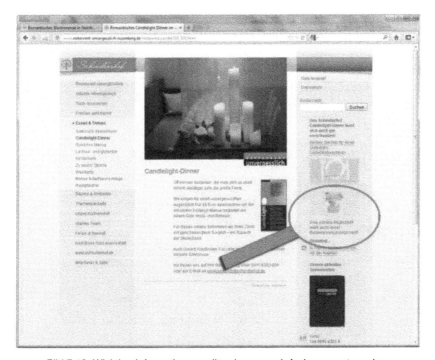

Bild 7.12: Wichtige Informationen sollten immer mehrfach genannt werden.

Aus einem Angebot zu einem Candlelight-Dinner heraus verweist Abbildung 7.12 im rechten Bildschirmbereich auf ein Übernachtungspaket. Der Hintergedanke ist klar: Bucht der Gast zum Essen noch eine Übernachtung im romantischen Doppelzimmer, erhöhen sich der Umsatz und der Gewinn. Deshalb wird auf das Arrangement »In der Badewanne bin ich der Kapitän« mehrmals hingewiesen und die entsprechende Seite mehrfach eingeblendet – es findet eine inhaltliche Mehrfachnennung statt.

5. Frage: Verwenden Sie Überschriften, Zwischenüberschriften und Aufzählungen?

Beispiel aus dem Internet:

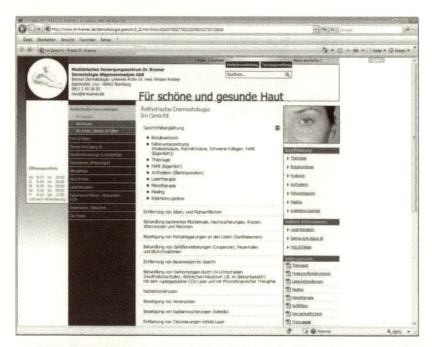

Bild 7.13: Klare Gliederungen erleichtern das Lesen der Informationsprioritäten.

6. Frage: Werden Offline-Marketingelemente innerhalb der Internetpräsentation verwendet?

Ihre Internetpräsentation ist ein Bestandteil Ihres Marketingmix. Sie kann und darf deshalb nicht allein stehen. Es ist wichtig, dass Werbungs- und Kommunikationsmaßnahmen aus dem Offline-Bereich (Zeitungsanzeigen, Werbebeilagen, Brief-Mailings usw.) auch in die Strukturen der Webpräsenz eingebunden werden und umgekehrt. Außerdem müssen diese integrierten und medienübergreifenden Maßnahmen zeitlich abgestimmt werden. So muss es ein fester Bestandteil des Aktualisierungsplans Ihrer Website sein, dass eine

Zeitungsbeilage nur so lang im Web abgebildet wird, bis die nächste Zeitungsbeilage startet bzw. die abgebildeten Angebote abgelaufen sind.

Bitte beachten Sie aber, dass dieser Informationsaustausch zwischen Offline und Online nicht eins zu eins, also nicht ohne Rücksicht auf die Besonderheiten des jeweiligen Mediums erfolgen darf. Denn stellen Sie sich vor, Sie bestellen online einen Hausprospekt eines Hotels und bekommen die gleiche optische Darstellung und die gleichen Informationen, die Sie schon auf der Internetpräsentation gesehen haben. Mit der Hausprospektbestellung haben Sie laut und deutlich gesagt: »Ich interessiere mich für Euch.« Und abgespeist werden Sie mit dem, was Sie schon wussten?!

Es mag natürlich bequem sein, eine Zeitungsbeilage in Form eines PDF-Dokuments auf der Internetpräsentation anzubieten. Deutlich professioneller ist es aber, die Informationen der Zeitungsbeilage so umzuarbeiten, dass sie auch am Bildschirm ohne Anstrengung gelesen werden können. Es ist ebenfalls eine gute Idee, die Angebote um zusätzliche Informations- und Handlungsprioritäten zu erweitern, für die Sie in der Zeitungsbeilage vielleicht keinen Platz mehr hatten.

Fazit:

On- und Offline-Marketingmaßnahmen werden permanent aufeinander abgestimmt und auf die Besonderheiten des jeweiligen Mediums zugeschnitten.

Beispiel aus dem Internet:

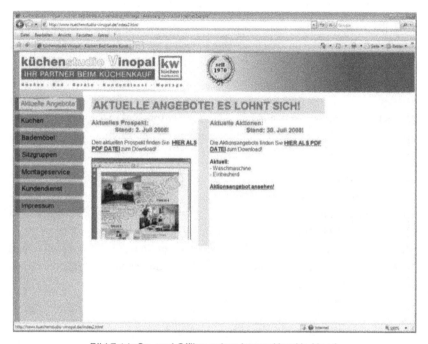

Bild 7.14: On- und Offline gehen immer Hand in Hand.

Die Internetadresse *www.kuechenstudio-vinopal.de* war Mitte April 2009 unter einer Annonce in einer Wochenzeitschrift zu lesen. Positiv ist der Verweis in der Zeitung auf die Internetpräsentation. Dieser Screenshot stammt vom 20. April 2009. Es ist nicht zu tolerieren, dass an diesem Tag der Prospekt vom 2. Juli 2008 als aktuelles Angebot deklariert wurde. Nicht ganz so dramatisch, aber doch verbesserungswürdig ist die Tatsache, dass sich der Prospekt nur als PDF-Dokument öffnen lässt und offensichtlich nicht für die Internetpräsentation aufbereitet wurde.

7. Frage: Verwenden Sie textliche Kontaktaufforderungen

Textliche Kontaktaufforderungen verweisen auf Ihre symbolischen Kassen.

Beispiele für textliche Kontaktaufforderungen

• Wir freuen uns auf Ihren Besuch!

• Für ein individuelles Angebot rufen Sie an unter ...

• Sie möchten gleich online anfragen? Dann benutzen Sie unser schnell auszufüllendes

Anfrageformular.

• Nutzen Sie unseren kostenlosen Rückrufservice.

• Bestellen Sie sich hier unseren aktuellen Hausprospekt.

• Sie haben Fragen zu unserem Angebot? Unter ... stehen wir Ihnen werktags zwischen

8:00 Uhr und 16:00 Uhr telefonisch zur Verfügung.

• ...

Beispiel aus dem Internet:

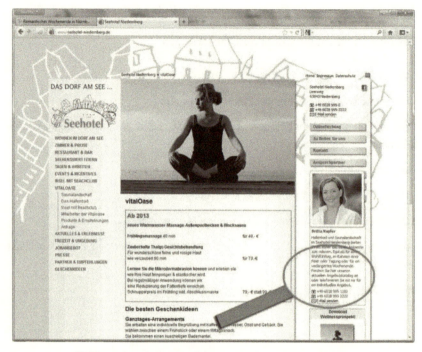

Bild 7.15: Sagen Sie den Surfern, was Sie von ihnen wollen.

Für das Hotel in Abbildung 7.15 hat oberste Priorität, dass Interessenten die umfangreichen Möglichkeiten für Arbeit und Erholung erfassen. Ergänzt wird außerdem die Handlungsaufforderung »Fordern Sie hier unseren aktuellen Angebotskatalog an oder telefonieren Sie mit mir für ein individuelles Angebot«.

8. Frage: Verwenden Sie textliche Handlungsaufforderungen?

Textliche Handlungsaufforderungen geben konkret – aber ohne den Surfer bevormunden zu wollen – an, welchen nächsten Schritt Sie im Dialog vorgeben möchten bzw. welche symbolische Kasse er benutzen soll.

Beispiele für textliche Handlungsaufforderungen

• Für weitere Informationen klicken Sie hier.

• Laden Sie sich hier die aktuelle Programmversion herunter.

• Bestellen Sie jetzt frachtkostenfrei in Deutschland, Österreich und der Schweiz.

• Für unseren monatlichen Newsletter melden Sie sich hier an.

• Drucken Sie sich bitte diese Seite aus, und faxen Sie sie unterzeichnet an …

• Ihre Meinung ist uns wichtig! Bitte beantworten Sie die folgenden 5 Fragen unserer aktuellen Zufriedenheitsstudie.

Beispiel aus dem Internet:

Bild 7.16: Zur Kasse bitte.

125

»Hol Dir Dein Powerbar Aktions-Paket« als Anzeige im rechten Bildschirmbereich von Abbildung 7.16 ist eine unverbindliche, aber trotzdem prägnante Handlungsaufforderung und ein direkter Verweis auf eine symbolische Kasse.

9. Frage: Geben Sie textliche Sicherheits- und Vertrauenshinweise ?

Die verschiedensten Vorbehalte der Surfer gegenüber dem Internet im Allgemeinen und die Angst vor kriminellem Umgang mit privaten Informationen und Daten wurden in den vorherigen Kapiteln bereits besprochen. Entsprechend ist es wichtig, auch in Form von Textinformationen immer wieder darauf hinzuweisen, dass Sie professionell und verantwortungsbewusst mit dem Vertrauen umgehen, das Ihnen Surfer und Kunden durch die Benutzung Ihrer Internetpräsentation entgegenbringen.

Beispiele für textliche Sicherheits- und Vertrauenshinweise

• Bei Bestellungen genießen Sie ein vierzehntägiges Rückgaberecht.

• Ihre Kreditkartendaten werden verschlüsselt übertragen.

• Wir respektieren Ihre Privatsphäre. Zum Beispiel geben wir Ihre Daten nicht ohne Ihre ausdrückliche Einwilligung an Dritte weiter.

• Sie können auch ohne Registrierung eines Kundenkontos bestellen!

• Bestellen Sie einfach per Rechnung.

• Wussten Sie, dass wir 3 Jahre Garantie auf unsere Produkte gewähren?

• …

Beispiel aus dem Internet:

Bild 7.17: Geben Sie dem Surfer einen Grund, Ihnen zu vertrauen.

Besser, ausführlicher und übersichtlicher zugleich lassen sich Sicherheits- und Vertrauenshinweise wohl nicht formulieren als in Bild 7.17.

10. Frage: Bieten Sie persönlich verbindliche Inhalte mittels Mitarbeiterpräsentation an?

Sie können sich mit der Abbildung des Dialogs innerhalb Ihrer Internetpräsentation noch so viel Mühe geben – er kann und wird niemals den persönlichen Dialog zwischen Menschen ersetzen oder verbessern können. Die freundliche Stimme am Telefon, die charmante Fachverkäuferin oder der kompetente Berater sind unersetzlich. Persönlich empfundene Sympathie oder menschliches Vertrauen können auf einer Internetpräsentation nicht nachgebildet werden.

Umso unverständlicher ist es, dass auf vielen Websites auf die einzige Möglichkeit zur indirekten Personalisierung verzichtet wird. Nur für die wenigsten Internetpräsentationen wurden z. B. ausführliche Inhaltsbereiche angelegt, die Mitarbeiter und Ansprechpartner zeigen.

Noch seltener sieht man, dass Kontakt- und Handlungsaufforderungen mit Bildern von Mitarbeitern kombiniert werden.

Fazit:

Von persönlich verbindlichen Inhalten spricht man, wenn Kontakt- und Handlungsaufforderungen mit Bildern von Mitarbeitern verknüpft sind.

Es ist im direkten Vergleich zu Ihrem Mitbewerber schon ein Unterschied, ob Sie Ihre Mitarbeiter darstellen und vielleicht sogar mit Qualifikationen und persönlichen Informationen in Wort und Bild vorstellen oder gänzlich darauf verzichten. Eine von einem abgebildeten Mitarbeiter ausgesprochene Empfehlung für ein Produkt wird als deutlich vertrauenerweckender und auch als verbindlicher empfunden als ein entsprechender Satz ohne Darstellung eines Mitarbeiters.

Beispiel aus dem Internet:

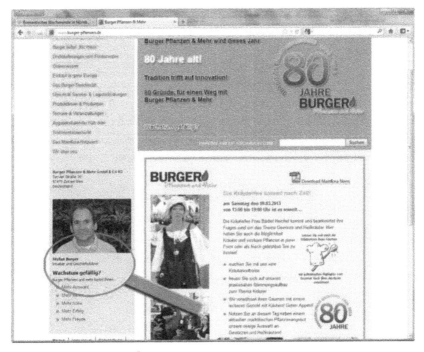

Bild 7.18: Überlassen Sie Ihren Mitarbeitern das Wort.

Kontakt- und Handlungsaufforderungen in Verbindung mit Mitarbeiterbildern sind am effektivsten. In diesem Beispiel spricht der Chef persönlich aus, was Interessenten Vertrauen in die Arbeit des Unternehmens geben soll: »Wachstum gefällig? Burger Pflanzen und mehr bietet Ihnen: Mehr Auswahl, Mehr Ideen, Mehr Nähe, Mehr Erfolg, Mehr Freude «

11. Frage: Bieten Sie ausführliche Informationen an?

Besonders bei Produkten und Dienstleistungen mit sehr hohem Erklärungsbedarf genügt es nicht, den Surfer nur mit Stichpunkten oder Informationsprioritäten zu versorgen. Gibt es ausführliches bzw. weiterführendes Informationsmaterial, dann dienen die komprimierten Textinhalte auf den ersten

Navigationsebenen lediglich dazu, den Dialog am Laufen zu halten. Über weitere Navigationsuntergliederungen, Links und Verweise leiten Sie den Surfer dann zu den ausführlichen Informationen weiter.

In diesen untergeordneten Navigationsebenen ist es auch zulässig, umfangreiche Fließtexte und ausführliche textliche Informationen darzustellen. Wenn ein Surfer einmal so tief in Ihre Internetpräsentation eingestiegen ist, zeigt er ganz besonderes Interesse an Ihren Produkten und Dienstleistungen. Allerdings möchte niemand, selbst wenn er oder sie Interesse an weiterführenden Informationen zeigt, diese direkt am Bildschirm lesen. Stellen Sie deshalb ausführliche Informationen unbedingt z. B. in Form von PDF-Dokumenten zur Verfügung. Diese kann ein Interessent ausdrucken und danach bequem auf Papier lesen.

Fazit:

Weiterführende und ausführliche textliche Informationen werden den Inhaltsseiten untergeordnet, die auf den ersten Navigationsebenen die Informationsprioritäten darstellen.

Beispiel aus dem Internet:

Bild 7.19: Erst kommt das Wichtigste …

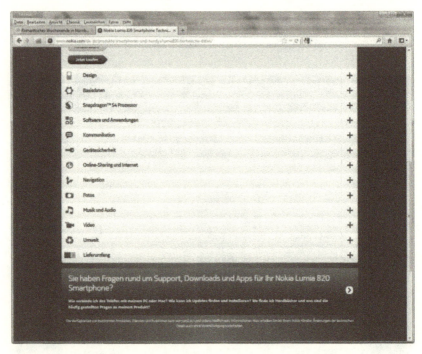

Bild 7.20: ... und dann folgen die ausführlichen Informationen.

Auf der ersten Seite (Bild 7.19) der Produktdarstellung konzentriert sich Nokia auf zentrale Informationsprioritäten. Erst unter separaten Aufklappnavigationen (Bild 7.20) werden alle zur Verfügung stehenden Informationen angezeigt.

12. Frage: Bieten Sie zusätzliche Informationen durch externe Verlinkungen an?

Ein wesentlicher Vorteil des World Wide Web ist es, dass nahezu alle Informationen, die zur Verfügung stehen, miteinander verknüpft werden können. Der sogenannte Hyperlink stellt damit auch die wesentliche Interaktionsmöglichkeit von Internetpräsentationen dar. Sie können sich auch deshalb auf Ihre persönlichen Informationsprioritäten konzentrieren und die entsprechenden Inhaltsseiten kurz und prägnant halten. Sie haben nämlich jederzeit die

Möglichkeit, sich die weiterführenden Informationen von anderen Webseiten zur Verfügung stellen zu lassen.

Bei der Auswahl solcher externen Verlinkungen sollten Sie immer streng nach dem Motto:»Welche zusätzlichen Informationen könnten einen Surfer an dieser Stelle des Dialogs noch interessieren?« vorgehen. Recherchieren Sie also auf den Internetpräsentationen Ihrer Kooperationspartner, Ihrer Lieferanten oder auf anbieterneutralen Informationsseiten. Eine anbieterneutrale Informationsseite ist zum Beispiel ein Fachbegriffslexikon, das etwa ein Verband, eine Handwerkskammer oder eine Dachorganisation betreiben.

Beispiel aus dem Internet:

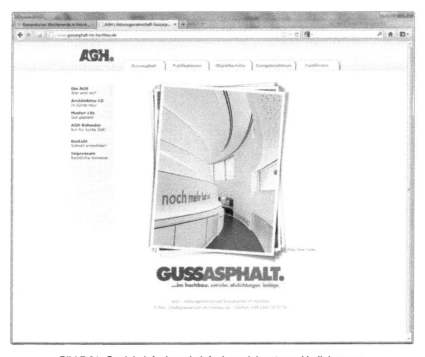

Bild 7.21: Genial einfach und einfach genial: externe Verlinkungen.

Auf der Internetpräsenz *www.gussasphalt-im-hochbau.de* stellt die Aktionsgemeinschaft »Gussasphalt im Hochbau« (AGH) umfangreiche Informationen zum Baustoff Gussasphalt zur Verfügung. Eine Firma, die in der Baubranche tätig ist, kann auf diese Website als externe Wissensquelle verweisen.

Wenn Sie weiterführende Informationen durch Verlinkungen zu externen Internetpräsentationen geben, sparen Sie Zeit und Aufwand bei der Zusammenstellung der Inhalte. Sie verlagern außerdem die Verantwortung der Aktualität der Informationen auf die Betreiber der Internetpräsentationen, auf die Sie verlinken, und bieten Ihren Surfern einen Mehrwert. Aber Achtung: Ändert der externe Anbieter seine Informationen bzw. löscht er Inhalte, auf die Sie verlinken, ist Ihre Seite auch nicht mehr aktuell. Kontrollieren Sie deshalb in regelmäßigen Abständen die Verlinkungen.

Beispiel aus dem Internet:

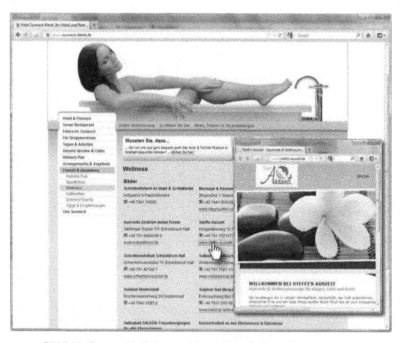

Bild 7.22: Externe Verlinkungen bieten Ihren Surfern einen Mehrwert.

Zusätzlich zu den eigenen Informationen werden in Bild 7.22 Hinweise auf Ausflugsziele und Freizeitangebote in der näheren Umgebung gegeben. So müssen sich die Besucher dieser Internetpräsentation nicht mühsam alle Sehenswürdigkeiten der Umgebung selbst heraussuchen. Sie können sie alle von dieser Seite aus erreichen.

13. Frage: Bieten Sie zusätzliche Informationen in Form von Product-Placement und Crossmarketing an, mit denen Sie sich unter Umständen direkt refinanzieren?

Wenn Sie auf zusätzliche Informationen von anderen Internetpräsentationen verweisen, dann müssen Sie das nicht ausschließlich uneigennützig tun.

Unter der Vorgabe, dass Sie Ihren Besucher nur zu solchen Informationen verlinken, die zu Ihren Angeboten und Informationen passen bzw. dem Surfer einen Mehrwert bieten, können sich unter Umständen auch für Sie finanziell interessante Verknüpfungen etablieren lassen. Denkbar sind Einmalabrechnungen oder »Platzmieten«, wenn Sie beispielsweise einem Lieferanten eine eigene Seite innerhalb Ihrer Internetpräsentation zur Verfügung stellen. Praktikabel sind auch Klickzähler, die aufzeichnen, wie oft ein Link oder ein konkretes Angebot Ihres Kooperationspartners angeklickt wurde. Da Verlinkungen in solchen Fällen meistens gegenseitig erfolgen, werden die Klicks dann in der Regel auch gegenseitig verrechnet. Häufig eingesetzt werden auch Provisionsabrechnungen für nachvollziehbare Verkäufe. Auf die sogenannten Affiliate-Programme wird in der nächsten Frage zur Checkliste noch genauer eingegangen.

Beispiele:

• Empfehlen Sie als Hotelier auf der Darstellungsseite Ihres Golfarrangements einen Golfausstatter in der näheren Umgebung.

• Binden Sie direkt ein aktuelles Angebot für 300 Golfbälle dieses Ausstatters auf Ihrer Internetpräsentation ein.

• Stellen Sie als Innenarchitekt einen Lampendesigner vor.

• Geben Sie als Betreiber eines Restaurants einem Züchter aus der Umgebung die Möglichkeit, sich als Ihr Lieferant für Straußenfleisch zu präsentieren.

• Präsentieren Sie ausführlich die Biersorten Ihrer Stammbrauerei.

• …

Beispiel aus dem Internet:

Bild 7.23: Autos und Finanzierungsangebote auf einer Seite.

Auf *www.mobile.de* werden neben der Auswahl an Fahrzeugen zusätzlich Finanzierungs- und Versicherungsanfragen angeboten. Dies erweitert die Handlungsoptionen für Besucher; zugleich können sich damit Partner präsentieren, die für den Automobilbereich wichtige Dienstleistungen anbieten.

14. Frage: Haben Sie Präsentationskooperationen (Affiliate-Programme) etabliert?

Bei Affiliate-Programmen steht neben der gegenseitigen Verknüpfung von Inhalten zur zusätzlichen Information Ihrer Besucher die direkte Refinanzierung bzw. Umsatzgenerierung in Form von Provisionszahlungen im Vordergrund.

Über den Austausch von speziellen Programmcodes wird aufgezeichnet, welcher Besucher von welcher Internetpräsentation auf Ihre Webpräsenz verwiesen wurde und welcher Umsatz über welche Website generiert wurde.

Beispiel aus dem Internet:

Bild 7.24: Mehrwert für die Surfer, Refinanzierungsmöglichkeit
für Sie: Affiliate-Programme.

Zum Bild 7.24: Das Hotel »Schindlerhof« hat sich kostenlos beim Partnerpro-gramm von *www.amazon.de* angemeldet und einen Codeschnipsel erhalten. Mithilfe dieses Schnipsels wird jetzt eine Wanderkarte aus der Nürnberger Region im rechten Bildschirmbereich der Internetpräsentation eingebunden. Der Mehrnutzen für den Surfer ist klar: Plant er einen mehrtägigen Aufenthalt in der Region, kann er sich für seine Ausflüge mit den hoteleigenen Mountain-bikes gleich eine passende Karte bei Amazon bestellen.

Die Vorteile für das Hotel: Es erhält für jede Wanderkarte, die über seine In-ternetpräsenz verkauft wurde, eine Provision. Außerdem muss sich der Hoteli-er nicht selbst um die Bestellung kümmern, denn Amazon übernimmt die komplette Abwicklung.

15. Frage: Halten Sie exklusive Inhalte beziehungsweise interne Informationen für Kunden bereit?

Eine Internetpräsentation ist natürlich nicht ausschließlich ein Informations-medium für neue Interessenten und Kunden. Strukturen und Inhalte können explizit oder ergänzend auch auf die Bindung der Stammkunden ausgelegt werden. Surfer und Kunden, die Ihre Website häufiger besuchen, sind selbst-verständlich besonders sensibel, was die Aktualität Ihrer Informationen be-trifft. Noch schärfer als Erstbesucher nehmen Stammsurfer wahr, ob und wie Sie permanent an Ihrer Internetseite arbeiten.

Aus dieser Sicht lohnt sich unter Umständen auch das Anlegen von exklusiven Inhaltsbereichen. Mithilfe von passwortgeschützten Bereichen versorgen Sie exakt definierte Zielgruppen mit individualisierten Informationen. Ein Auf-wand, der sich lohnen kann. Für Ihren Interessenten definiert sich der Wert einer Information auch danach, ob er diese exklusiv erhalten hat oder ob er lediglich einer von vielen ist, die den gleichen Wissensstand haben. Im Off-line-Marketing basieren das gesamte »One to One« und das »Customizing« auf diesem Prinzip.

Beispiel aus dem Internet:

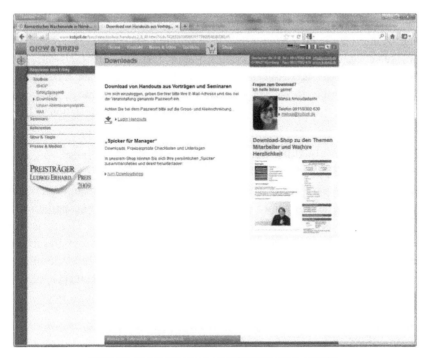

Bild 7.25: Passwörter machen Informationen wertvoller.

Passwortgeschütze Informationen werden als wertvoller empfunden als frei zugängliche. Der Seminarveranstalter Klaus Kobjoll nennt beispielsweise bei seinen Vorträgen und Seminaren den Teilnehmern ein Passwort, das für die jeweilige Veranstaltung gilt. Auf seiner Internetpräsentation sind die Vortrags- unterlagen zum Gratis-Download hinterlegt. Wichtig ist die vorgeschaltete Kasse: Beim Login muss der Vortragsteilnehmer das Passwort der Veranstal- tung und seine E-Mail-Adresse eingeben. Erteilt der Vortragsteilnehmer bei der Anmeldung die entsprechende Freigabe, darf der Veranstalter dieser neu registrierten Adresse zukünftig aktuelle Informationen und Angebote zuschi- cken.

16. Frage: Stellen Sie Ihre Informationen in mehreren Sprachen zur Verfügung?

Bevor Sie mehrere Sprachversionen Ihrer Internetpräsentation etablieren, stehen wieder nüchterne Fragen zum »Warum« und »Für wen«. Nur wenn Sie profitable Geschäfte und Neukunden erwarten können – beispielsweise aus dem englischsprachigen Ausland – und wenn Sie diesen neuen Kunden den gleichen Service bieten können wie deutschen Kunden (Stichwort: mehrsprachige Mitarbeiter), sollten Sie den Auftrag für weitere Sprachversionen Ihrer Internetpräsentation erteilen.

Bitte beachten Sie bei den Überlegungen zu verschiedenen Sprachversionen auch den zusätzlichen Aufwand für professionelle Übersetzer und Kenner der landestypischen Besonderheiten. Um es klar zu sagen: Schulenglisch reicht nicht aus, um eine Internetpräsentation zu übersetzen, und Englisch ist nicht gleich Amerikanisch! So wie Sie Ihren deutschen Surfern keine Tippfehler auf den Internetseiten zumuten, sollten Sie auch allen ausländischen Besuchern den nötigen Respekt entgegenbringen, indem Sie möglichst fehlerfreie Inhalte anbieten und dabei kulturelle und sprachliche Besonderheiten berücksichtigen.

Beispiel aus dem Internet:

Bild 7.26: Professionelle Übersetzungen sind ein Zeichen von Respekt.

Das Bemühen der Dominikanischen Republik, auf ihrer Internetpräsentation die Besucher aus aller Welt in deren jeweiliger Landessprache zu begrüßen, war 2006 wirklich rührend.

Die Übersetzung der Begrüßung ins Deutsche war allerdings so schlecht, dass sie schon wieder lustig war.

Zitat: »Anzeige zur Welt von Internet de Codetel, Minister von Tourismus von Dominikanischer Republik Lic. Félix Jiménez. Dir erfahrener Netznautiker, Grüße!

Im Namen der dominikanischen Regierung und der Leute erlauben Sie mich zu warm und von ganzen Herzen Willkommen Sie zu Land der größte Nautiker der hohen Meere, Christopher Columbus, liebte gut, und das heute stolz den Namen von Dominikanischer Republik führt!« und so weiter und so fort.

17. Frage: Haben Sie Teile Ihrer Internetpräsentation speziell darauf ausgerichtet, Ihre Mitarbeiter im Tagesgeschäft zu entlasten?

Jede professionell aufgebaute Internetpräsentation entlastet Sie und Ihre Mitarbeiter in irgendeiner Form. Denn den Dialog, den ein Surfer schon mit Ihrer Seite geführt hat, wird er nicht noch einmal im gleichen Umfang mit Ihnen oder einem Ihrer Mitarbeiter führen. Weiß ein Surfer also bereits über ein Produkt oder eine Dienstleistung Bescheid, kommt er als gut vorinformierter Kontakt auf Sie zu. Der Aufwand, diesen Kunden noch weiter zu beraten und das Geschäft zum Abschluss zu bringen, sinkt. Der betreffende Kollege kann somit zum Beispiel mehr Kunden pro Tag bedienen.

Fazit:

Überlegen Sie sich bei der Neuerstellung oder Überprüfung Ihrer Internetpräsentation auch, welche Informationen Sie etablieren können, die dann nicht mehr von Ihren Mitarbeitern z. B. per Post verschickt werden müssen.

Und: Im Gegensatz zur Vor-Internetzeit kommen Kunden und Interessenten meist mit einem sehr hohen Vorwissensstand zu Ihren Produkten und Dienstleistungen auf Sie zu. Kunden recherchieren vorab ausführlich und haben meist schon während der Recherche eine Kaufentscheidung getroffen.

So oder so muss Ihre Internetpräsentation Ihr Tagesgeschäft unterstützen und permanent auf Ihre internen Prozesse abgestimmt werden.

Beispiel aus dem Internet:

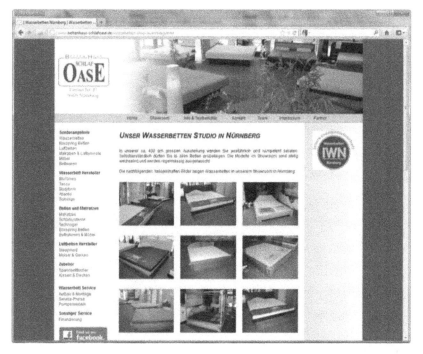

Bild 7.27: Wegbeschreibungen sparen Zeit – man muss sie aber finden können.

Sind Sie auf Publikumsverkehr eingerichtet oder sogar angewiesen, dann bedeutet schon ein ausführlicher Anfahrtsplan mit Informationen zu öffentlichen Verkehrsmitteln und Parkhäusern usw. eine enorme Mitarbeiterentlastung. Die früher fast obligatorische Frage »Wie kommen ich denn zu Ihnen?« und das dann folgende Telefonat oder das Fax mit der Wegbeschreibung an den Interessenten sind heute nahezu ausgestorben.

In dem vorliegenden Beispiel (Bild 7.27) scheint man allerdings keine große Lust auf Besucher zu haben. Unter dem Hauptnavigationspunkt »Showroom« steht nicht einmal die Adresse des Ausstellungsraums. Einen Navigationspunkt »So finden Sie zu uns« sucht man auf der gesamten Internetpräsentation vergebens und nur unter »Kontakt« steht die Adresse. »Finden« soll man das Unternehmen neuerdings aber bei Facebook (links unten).

Beispiel aus dem Internet:

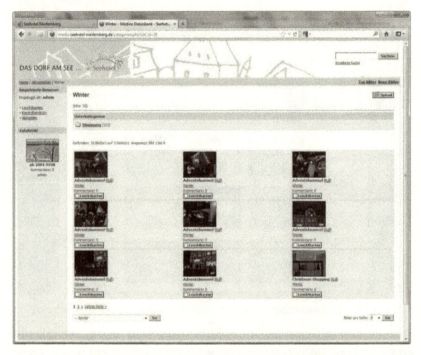

Bild 7.28: Bilder schnell und einfach online verwalten.

Für das Seehotel Niedernberg war die Verwaltung von tausenden Bildern für die Offline-Werbung und Kommunikation früher ein organisatorischer Albtraum. Jeder Mitarbeiter hatte ein eigenes System, die Bilder zu speichern. Heute sind diese in einer Online-Datenbank auch dann noch für jeden auffindbar und von den Werbepartnern direkt ladbar, wenn sich der zuständige Mitarbeiter gerade im Urlaub befindet.

144

18. Frage: Geben Sie Antworten auf häufig gestellte Fragen in einer FAQ-Sparte (Frequently Asked Questions)?

Oberstes Ziel ist es, den Dialog zwischen Surfer und Internetpräsentation so lang wie möglich aufrechtzuerhalten – am besten bis zu dem Zeitpunkt, an dem der Surfer bei Ihnen die Lösung seines gerade akuten Problems gefunden hat. Bereits im Kapitel 6 »Navigation und Organisation« wurde erwähnt, dass klassische Navigationsstrukturen bei sehr umfangreichen Internetpräsentationen durch interne Suchfunktionen, einen Seitenindex, eine Sitemap oder durch Inhaltsübersichten bei der Aufrechterhaltung des Dialogs unterstützt werden können.

Eine weitere Möglichkeit, möglichst alle Fragen, die schon häufiger aufgetreten sind, zu beantworten, ist eine FAQ-Sparte. FAQ steht für »Frequently Asked Questions«, was zu Deutsch »häufig gestellte Fragen« bedeutet. In den FAQs werden folgerichtig oft gestellte Fragen und die dazugehörigen Antworten gesammelt. Der Surfer kann so versuchen, seine Fragen mithilfe der FAQs selbst zu beantworten.

Beispiel aus dem Internet:

Bild 7.29: Vodafone nennt seine FAQ-Sparte »Erste Hilfe«.

19. Frage: Zielen Inhalte auf Ihrer Internetpräsentation speziell auf die Information und Akquise potenzieller neuer Mitarbeiter ab?

Bisher haben Sie Ihre Internetpräsentation ausschließlich auf den Dialog mit Kunden und Neukunden bzw. Interessenten überprüft. Aber auch jeder potenzielle Mitarbeiter informiert sich in der heutigen Zeit über Ihr Unternehmen, bevor er sich bei Ihnen bewirbt. Dabei machen die auf der Internetpräsentation ausgewiesenen offenen Stellen beziehungsweise die Aufforderungen zu Initiativbewerbungen nur einen Teil der Selbstdarstellung in diesem Punkt aus.

Beispiel aus dem Internet:

Bild 7.30: Mitarbeiterakquise mithilfe der Internetpräsentation.

Zu Bild 7.30: Offenheit, Fairness und Transparenz gegenüber den Mitarbeitern ist zumindest nach außen hin die oberste Devise dieses Unternehmens. Entsprechend umfangreich sind die Informationen zum Mitarbeiterprogramm. Verirrt sich ein potenzieller Kunde einmal in diesen Bereich der Internetpräsentation, werden die Inhalte des Navigationspunkts »Was wir bieten« das multimediale Image, das sich der Surfer bei seinem Dialog bildet, zusätzlich positiv beeinflussen.

7.5 Die Checkliste »Inhalte«

Bewerten Sie jetzt mithilfe der folgenden Checkliste die Inhalte Ihrer Internetpräsentation.

Abfrage	1	2	3	4	5	6	Persönliche Bemerkungen	Priorität
Haben Sie den Erklärungsbedarf für Ihre Produkte und Dienstleistungen festgelegt?								
Stehen Ihre Informationsprioritäten in der ersten Navigationsebene?								
Passen Informations- und Handlungsprioritäten auch zusammen?								
Gibt es inhaltliche Mehrfachnennungen Ihrer Informationsprioritäten?								
Verwenden Sie Überschriften, Zwischenüberschriften und Aufzählungen?								
Werden Offline-Marketingelemente innerhalb der Internetpräsentation verwendet?								
Verwenden Sie textliche Kontaktaufforderungen?								
Verwenden Sie textliche Handlungsaufforderungen?								
Geben Sie textliche Sicherheits- und Vertrauenshinweise?								
Bieten Sie persönlich verbindliche Inhalte mittels Mitarbeiterpräsentation an?								

Bewertung: 1 = sehr gut; 6 = ungenügend – Priorität: 1 = sehr hoch; 6 = unwichtig

Abfrage	1	2	3	4	5	6	Persönliche Bemerkungen	Priorität
Bieten Sie ausführliche Informationen an?								
Bieten Sie zusätzliche Informationen durch externe Verlinkungen an?								
Bieten Sie zusätzliche Informationen in Form von Product-Placement und Crossmarketing an, mit denen Sie unter Umständen direkt refinanzieren?								
Haben Sie Präsentationskooperationen (Affiliate-Programme) etabliert?								
Halten Sie exklusive Inhalte beziehungsweise interne Informationen für Kunden bereit?								
Stellen Sie Ihre Informationen in mehreren Sprachen zur Verfügung?								
Haben Sie Teile Ihrer Internetpräsentation darauf ausgerichtet, Ihre Mitarbeiter im Tagesgeschäft zu entlasten?								
Geben Sie Antworten auf häufig gestellte Fragen in einer FAQ-Sparte?								
Zielen Inhalte auf Ihrer Internetpräsentation speziell auf die Information und Akquise potenzieller neuer Mitarbeiter ab?								

Bewertung: 1 = sehr gut; 6 = ungenügend – Priorität: 1 = sehr hoch; 6 = unwichtig

8 Aktualität

Ohne Aktualität gibt es keine erfolgreiche Internetpräsentation!

Im folgenden Kapitel geht es nicht darum, diese Tatsache mit Argumenten und Beispielen zu untermauern. Es soll vielmehr erklären, wie Sie den nicht zu unterschätzenden Aufwand an Zeit und Geld für die permanente Aktualisierung organisatorisch in den Griff bekommen und welche Möglichkeiten Sie dazu zur Verfügung haben.

Fazit:

Der Wert von Informationen wird durch deren Aktualität bestimmt.

Aktualität auf Ihrer Internetpräsentation ist ein Muss und prägt wesentlich das multimediale Image, das sich der Surfer während eines Besuchs Ihrer Seiten von Ihrem Unternehmen bildet.

8.1 Ein Projekt, mit dem Sie nie fertig sind!

Sie müssen sich und Ihr Unternehmen permanent an die aktuellen Gegebenheiten anpassen. Was gestern noch richtig war und Erfolg versprach, interessiert morgen schon niemanden mehr. Das ist einfach ein Charakteristikum unserer Zeit. Deshalb muss auch eine Internetpräsentation permanent weiterentwickelt und verändert werden. Ihnen sind sicher schon viele Websites aufgefallen, deren Macher und Betreiber davon auszugehen scheinen, dass es schon reicht, einfach »drin« zu sein im Word Wide Web. Die Betreiber dieser Seiten rechnen offenbar nicht damit, dass Surfer merken, dass auf diesen Webpräsentationen schon lang nichts mehr erneuert wurde.

Die Arbeit an und mit Ihrer Internetpräsentation folgt im Wesentlichen den bekannten Regeln des klassischen Marketings und kann deshalb ohne Angst oder Scheu angegangen werden. Gerade beim Thema Aktualität zeigt sich überdeutlich, dass das Internet doch gar nichts Neues von Ihnen verlangt.

Denn ...

• ... Sie entfernen die langsam verwelkenden Blumen doch auch von Ihren Restauranttischen und ersetzten sie durch frische Blumen?!

• ... Sie waschen regelmäßig Ihre Busse oder Lkws und ersetzen zerschlissene Planen und ausgebleichte Aufkleber?!

• ... Sie tauschen regelmäßig Ihre Speisekarten aus, wenn sich das Angebot an Menüs und Getränken geändert hat?!

• ... Sie ändern doch auch die Preisschilder, wenn sich der Preis eines Artikels verändert?!

• ... Sie stellen doch auch einen Gebrauchtwagen auf einen besonderen Stellplatz und bezeichnen ihn als »Auto der Woche«, wenn Sie ihn unbedingt loswerden wollen?!

• ...

Diese Liste können Sie für sich selbst und auf Ihre Produkte und Dienstleistungen bezogen beliebig anlegen oder ergänzen. Und schon haben Sie eine erste Aufstellung mit Punkten, die Sie auch innerhalb Ihrer Internetpräsentation anpassen können und müssen.

8.2 Newsletter, Huckepack-Newsletter und RSS-Newsfeed bzw. Newsabo

»Tue Gutes und rede darüber« war schon in der Vor-Internetzeit eine Marketingregel und ist für Ihre Internetpräsentation problemlos anwendbar.

Es geht also darum, zu überlegen, wie Sie sicherstellen, dass Ihre Zielgruppe auch wahrnimmt, wie fleißig Sie an Ihrer Webpräsenz arbeiten. Dieses Kapitel geht nicht spezifisch auf die verschiedenen Regeln, Kunstkniffe und rechtlichen Vorschriften eines professionell gemachten Newsletters ein. Es soll Ihnen vielmehr zeigen, dass Sie mit einer permanent aktuellen Internetpräsentation in der Lage sind, aktiv Kundenbindung zu betreiben und unter Umständen neue Zielgruppen erschließen können.

In Zeiten von mit Spam überfluteten E-Mail-Postfächern und Angst vor un-
sachgemäß verwalteten persönlichen Informationen zeigt jede in einem
Newsletter-System hinterlegte E-Mail-Adresse, welch hohes Interesse der
Surfer an aktuellen Hinweisen und Informationen hat. Er honoriert mit seinem
schon zitierten Schrei »Ich will etwas von Euch!« auch die Arbeit und den
Aufwand, den Sie in die permanente Aktualität Ihrer Website investieren.

Fazit:

*Newsletter und aktive News-Verteilung sind nach wie vor ein probates Mittel,
sich innerhalb einer Zielgruppe in Erinnerung zu halten und regelmäßig auf
die Aktualisierungen innerhalb Ihrer Internetpräsentation hinzuweisen.*

*Lassen Sie sich für professionelles E-Mail-Marketing von Profis beraten oder
nutzen Sie einschlägige Bücher und Seminarangebote.*

Im Folgenden ein Beispiel aus der Champions League der aktiven
News-Verteilung.

Genial: Huckepack-Newsletter

Am Anfang steht wieder eine simple Marketingfrage: »Wer hat die gleiche
Zielgruppe wie ich, ohne mein direkter Mitbewerber zu sein?« Überlegen Sie
sich, mit wem Sie eine Vermarktungskoalition eingehen können, von der beide
Seiten profitieren. Diese Überlegungen und Kooperationsvereinbarungen müssen nicht gleich in einem gemeinsamen Newsletter resultieren.

Sie können ganz einfach mit dem gegenseitigen Auslegen von Visitenkarten,
Angebots-Flyern oder Katalogen beginnen.

Bei Huckepack-Newslettern werden Sie im Newsletter Ihres Kooperationspartners mit einem Angebot und den Verweisen auf Ihre Internetpräsentation
erwähnt und bekommen damit einen erweiterten Zugang zu Ihrer Zielgruppe.

Beispiel aus dem Internet:

Bild 8.1: Die Deutsche Post ist zu Gast bei einem Elektronikversender.

Hier kooperierten Conrad als Betreiber eines großen Online-Shops für Elektro- und Elektronikbauteile und die Deutsche Post miteinander. Die Zusammenarbeit hätte allerdings die Privatsphäre jedes Einzelnen verletzt und damit auch gegen die Datenschutzgesetze verstoßen, hätte sich die Deutsche Post die E-Mail-Adressen von Conrad ausgeborgt und den Adressbestand über ihr eigenes Newsletter-System mit einem Hinweis auf die neuen Packstationen versorgt.

Informiert aber Conrad »huckepack« über ein Angebot seines Kooperationspartners Deutsche Post, ist das aus Marketingsicht einfach gelungen und rechtlich auch zulässig.

153

Weitere denkbare Huckepack-Koalitionen:

• ein Restaurant mit einem speziellen Weingut oder Winzer,

• ein Golfplatzbetreiber mit einem Sportgeschäft,

• ein Fahrradhersteller mit einem Hersteller für Sportlernahrung,

• ein Autohaus mit einem Anbieter von Lackversiegelungen.

RSS-Newsfeeds oder Newsabos

Sie haben den Begriff RSS-Newsfeeds (die Abkürzung RSS hat ihre Bedeutung mehrfach gewandelt; zu Beginn stand das Kürzel für »Rich Site Summary«, heute bedeutet es »Really Simple Syndication«) sicher schon einmal auf einer Internetpräsentation gelesen. Aber wer von Ihnen hat die Funktion dahinter auch schon einmal benutzt und weiß, was damit gemeint ist?

Es liegt auch an der unverständlichen Bezeichnung, die viele Surfer noch davon abhält, in den Genuss dieser Technik zu kommen. Es gibt auch kaum ein besseres Beispiel dafür, wie eine Begriffsbezeichnung ohne Rücksicht auf die Verständlichkeit ausgewählt wird oder die umgangssprachliche Verbreitung eines Begriffes bzw. einer Navigationsbenennung ignoriert wird. Warum steht sogar auf der Internetpräsentation der deutschen Bundesregierung »RSS-Newsfeed« und nicht »Newsabo«?

RSS-Newsfeed besucht mithilfe Ihres Browsers in regelmäßigen Abständen einen bestimmten Inhaltsbereich einer Internetpräsentation und informiert Sie, sobald sich auf der entsprechenden Seite etwas geändert hat. Der Browser übernimmt also für Sie die Arbeit, regelmäßig Seiten, die Sie interessieren, anzusteuern und Ihnen Aktualisierungen zu melden.

Informieren Sie sich bei einem Fachmann darüber, wie Sie Ihren Browser fit machen und wie Sie auf diversen Internetpräsentationen hinterlegen können, dass Sie die Seite gern abonnieren möchten. Das macht Spaß, und Sie sehen schnell das riesige Potenzial. Mit RSS-Newsfeed-Funktionen können Sie Ihre

Interessenten wissen lassen, dass Sie Ihre Webpräsenz fleißig aktualisiert haben.

8.3 Das Wichtigste: Mitarbeiterintegration!

Während der Goldgräberzeiten rund um das World Wide Web haben Sie sicher gehört, dass Sie ohne eine Internetpräsentation Ihr Geschäft nicht mehr am Leben halten können oder dass mit einer Webpräsenz der Erfolg von ganz alleine kommt. Diese Slogans gehören Gott sei Dank der Vergangenheit an. Jeder, der sich seriös und professionell mit dem Thema auseinandersetzt, hat begriffen, dass im Marketingmix eines Unternehmens das Element Internetpräsentation zwar zusätzlich zur Verfügung steht, die klassischen Elemente der Kommunikation wie Zeitungsanzeigen, Prospekte, Flyer, klassische Werbung usw. aber nicht zwangsläufig ersetzen muss.

Sie haben mit Ihrer Internetpräsentation einfach ein Werkzeug mehr an der Hand, mit dem Sie erfolgreiches Marketing betreiben können. Das bedeutet aber auch zusätzliche Arbeit. Umso wichtiger ist es also, diese Mehrarbeit akribisch zu organisieren.

Dazu gehört in besonderem Maße, dass Ihre Mitarbeiter immer auf dem aktuellen Stand Ihrer Internetpräsentation sind. Ein Kardinalfehler ist es zum Beispiel, dass Sie zusammen mit einer Agentur oder in einem begrenzten Projektteam eine neue Website erstellen und keiner Ihrer Mitarbeiter die Veröffentlichung mitbekommt. Lassen Sie also Ihr Team teilhaben an dem, was Sie sich für Ihren Webauftritt ausgedacht haben. Dabei geht es nicht darum, dass jeder mitreden darf und soll, wenn es zum Beispiel um die grafische Gestaltung der Seite geht. Aber allein eine Nachmittagsveranstaltung, bei der Sie die Präsentation vorstellen und Hintergründe zum Dialog, zur Augenrunde und zu den symbolischen Kassen erklären, kann Wunder bewirken. Denn in der Praxis funktionieren die fortlaufenden Aktualisierungen immer am besten, wenn die Mitarbeiter das Gefühl haben, ein Stück weit mitreden zu können.

Spätestens wenn Sie einen Mitarbeiter beauftragen, regelmäßig Inhalte und Strukturen der Internetpräsentation zu überprüfen und zu aktualisieren, ohne dass der Mitarbeiter weiß, worum es eigentlich geht, wird eine solche

Zusatzaufgabe nur als Last empfunden und entsprechend widerwillig oder im schlimmsten Fall gar nicht erledigt.

Fazit:

Motivieren Sie Ihre Mitarbeiter durch regelmäßige Informationen über den Entwicklungsstand Ihrer Internetpräsentation und durch Mitspracherecht bei den Weiterentwicklungen. Zeigen Sie sowohl die Chancen als auch die Risiken auf, die die tägliche Arbeit an der Internetpräsentation mit sich bringt, und bitten Sie um permanente Mithilfe. Sobald Sie auch nur eine Aushilfe beschäftigen, darf und kann die ständige Arbeit an Ihrer Internetseite nicht mehr alleine Chefsache sein oder auf Gedeih und Verderb vom Input eines externen Kooperationspartners abhängig sein.

8.4 Wie organisieren Sie regelmäßige Aktualisierungen?

Die permanenten Aktualisierungen und Ergänzungen Ihrer Internetpräsentation sind in zwei organisatorische Bereiche aufgeteilt: erstens in den Teil, in dem Sie und die in den entsprechenden Prozess integrierten Mitarbeiter Informationen sammeln, die im Zuge Ihrer ständigen Weiterentwicklung und Veränderung auch im Internet präsentiert werden müssen; zweitens in den Teil, der diese Informationen dann so aufbereitet bzw. programmiert, dass sie im World Wide Web zu sehen sind.

Beide organisatorischen Bereiche sind gleichermaßen leicht oder schwer in den Griff zu bekommen. Geht es im ersten organisatorischen Bereich eher um die eigene Disziplin, Fleiß und Motivation, sind Sie für den zweiten Bereich mehr oder weniger auf fremde Hilfe angewiesen. Ein Ladenbesitzer kann sein Schaufenster vielleicht selbst dekorieren – eine Internetpräsentation programmieren oder Bilder in komplexen Grafikprogrammen aufbereiten können die Wenigsten.

Der erste organisatorische Bereich ...

... erfordert Fleiß, Disziplin und Motivation zur ständigen Sammlung und Zusammenstellung aktueller Informationen für die Internetpräsentation.

Der zweite organisatorische Bereich ...

... definiert (auch kaufmännisch) eine optimale Mischung aus selbstständigen Programmierarbeiten, technischen Hilfsprogrammen sowie manueller Unterstützung durch Programmierer und Agenturen bei der Umwandlung der gesammelten Informationen in die für das World Wide Web geeigneten Inhalte.

Sobald Skripte, HTML-Codes, Includes und Datenbankanbindungen eher bedrohlich als wohlklingend auf Sie wirken, brauchen Sie für den zweiten organisatorischen Bereich eine Mischung aus Eigenleistung und fremder Hilfe. Mit fremder Hilfe ist dabei nicht ausschließlich die Unterstützung eines Programmierers oder einer Agentur gemeint. Es gibt auch diverse Hilfsprogramme und von Laien leicht erlernbare Programmierhilfen. Wichtig für eine optimale Kombination von Eigenleistung und technischer sowie menschlicher Fremdleistung ist ein pragmatisches Abwägen von Aufwand und Nutzen.

Mythos CMS-Systeme (Content-Management-Systeme)

CMS-Systeme sind technische Wunderwerke, die als – meist kostenlose – Software das übernehmen, was ein menschlicher Programmierer in Form von individuell geschriebenem Code zu einer Internetpräsentation zusammenstellt. CMS-Systeme stellen gewissermaßen einen technischen Rahmen zur Verfügung, den Sie letztlich mit Inhalten befüllen müssen. Daher genügen – zumindest theoretisch – Grundkenntnisse am PC oder Mac, um eine Internetpräsentation zu erstellen oder zu pflegen.

Bitte beachten Sie aber bei der Entscheidung zwischen einer auf einem CMS-System aufgebauten oder einer manuell programmierten Internetseite folgende Punkte:

Mythos 1: »Mit einem CMS-System kann ich alles selbst machen und bin unabhängig von anderen.«

Aber: CMS-Systeme sind Standard-Software-Angebote, die per se Grenzen bei der Individualisierung der damit erzeugten Internetpräsentation haben.

Und: Je weniger ausgeprägt diese Grenzen sind bzw. je umfangreicher die Möglichkeiten zur Individualisierung solcher Systeme ausfallen, umso schwieriger sind diese Systeme von Laien zu erlernen, zu beherrschen und auszureizen.

Einem anderen Mythos begegnet man im Alltag allerdings noch häufiger. Die theoretische Möglichkeit, technisch alles selbst auf einer Internetpräsentation aktualisieren zu können, gibt Ihnen nicht automatisch den Fleiß, die Disziplin und die Motivation, die Informationen überhaupt zu sammeln und zusammenzustellen (erster organisatorischer Bereich)!

Mythos 2: »Wenn ich alles selbst programmieren kann, kommt die Disziplin zum Zusammenstellen der Informationen ganz von selbst.«

Aber: Sie brauchen im Gegenteil noch mehr Disziplin, Fleiß und Motivation, denn Sie müssen zusätzlich Zeit aufbringen, mit dem CMS-System zu arbeiten und sich immer wieder in die teilweise komplexen Abläufe und Strukturen einarbeiten.

Die Entscheidung, mit welcher Mischung Sie arbeiten wollen, kann Ihnen dieses Buch nicht abnehmen. Außerdem werden sich Ihre internen Aktualisierungsabläufe immer wieder ändern. Denn wenn sich bisher beispielsweise der Sohn Ihres Nachbarn um die Aktualisierungen Ihrer Seite gekümmert hat und er jetzt zum Studium in eine andere Stadt umzieht, müssen Sie schnell umdisponieren.

Vielleicht haben Sie ursprünglich Ihre Internetpräsentation auf ein CMS-System aufgebaut, jetzt aber eine Agentur gefunden, die Ihnen zuverlässig innerhalb von maximal zwei Arbeitstagen Ihre Änderungen veröffentlicht und das noch im Rahmen einer fixen monatlichen Pauschale. Dann müssen Sie sich nicht mehr selbst die Mühe machen, Aktualisierungen in dem CMS-System vorzunehmen. Es ist eben nichts so beständig wie die Veränderung!

Die folgende Grafik soll Ihnen helfen, die einzelnen Möglichkeiten für den zweiten organisatorischen Bereich in Bezug auf den zeitlichen und finanziellen Aufwand gegeneinander abzuwägen. Bitte beachten Sie aber auch, dass Ihr

Stundensatz als Chef oder leitender Angestellter Ihres Unternehmens meistens ungleich höher anzusetzen ist als ein Agentursatz von zum Beispiel netto 80 Euro pro Stunde. Außerdem müssen Sie bedenken: Wofür Sie als Laie vielleicht eine Stunde oder noch mehr Zeit brauchen, dafür benötigen Profis meist nur 10 Minuten!

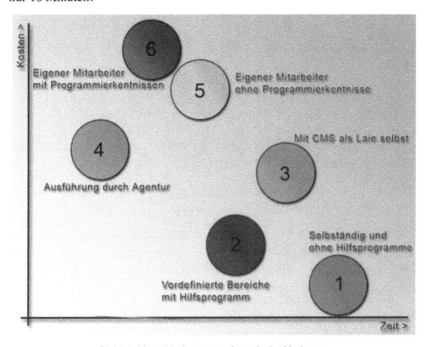

Bild 8.2: Verschiedene organisatorische Varianten und ihr Verhältnis zwischen Kosten- und Zeitaufwand.

Die Positionierung der Kreise zeigt an, wie der Aufwand bei den verschiedenen Vorgehensweisen gegeneinander abzuschätzen ist. Anbei die Erläuterung der Kreissymbole:

1) selbstständig und ohne Hilfsprogramme,

2) festdefinierte Bereiche mit Hilfsprogrammen,

3) mit CMS als Laie selbst,

159

4) Ausführung durch eine Agentur (die Informationen gehen dabei direkt an einen Programmierer oder eine Agentur, egal ob digital, per Telefon, Fax oder Post),

5) Mitarbeiter ohne Programmierkenntnisse,

6) Mitarbeiter mit Programmierkenntnissen.

8.5 Erklärungen und Beispiele zu den Fragen der Checkliste (Teil 1)

Die erste Checkliste dieses Kapitels beschäftigt sich mit allgemeinen Themen rund um die permanenten Aktualisierungen Ihrer Internetpräsentation.

1. Frage: Wie erfolgt die Informationssammlung, -generierung und -filterung in Ihrem Haus?

Der erste organisatorische Bereich braucht eine gewisse Zeit, um sich zu etablieren, und unterliegt ständigen Veränderungen.

Und so unterschiedlich wie jede einzelne Organisation sein kann, so wenig ist es möglich, in diesem Buch spezifische Lösungen anzubieten. In der zweiten Checkliste dieses Kapitels zur Mitarbeiterintegration erhalten Sie aber noch ein paar Tipps zu diesem Thema.

2. Frage: Sind alle sich ändernden Informationen auch auf der Internetpräsentation repräsentiert?

Die permanente Arbeit an einer Website ist organisatorisch und finanziell nicht zu unterschätzen. Sind Sie aber im Internet vertreten, gibt es keine Alternative! Permanent aktuelle Informationen sind wichtige Standbeine für Ihr professionelles multimediales Image.

Bei der Herangehensweise an diesen schier unüberwindbaren Berg, immer wieder etwas Neues veröffentlichen zu müssen, hilft Ihnen wieder das klassische Marketing. Denn regelmäßig Neuigkeiten zu bringen heißt nicht automatisch, dass Sie jeden Monat ein neues Produkt erfinden oder einen neuen Mitarbeiter vorstellen müssen.

Nutzen Sie z. B. die Chance, auch aus Ihrer etablierten Produkt- und Dienstleistungspalette heraus News zu generieren, indem Sie diese bestehenden Produkte und Services auf Ihrer Internetpräsentation vorstellen. Entsprechende Slogans könnten »Kennen Sie noch...«, »Wussten Sie eigentlich...« »Wieder eingetroffen...«, »Die Saison hat wieder begonnen...« oder so ähnlich lauten und die bestehenden Produkte wieder ins Gedächtnis Ihrer Zielgruppe zurückbringen.

Beispiel aus dem Internet:

Bild 8.3: Aktualität ist unumgänglich – hier findet sich kein Hinweis darauf.

Internetpräsentationen brauchen Bereiche, die permanent aktualisiert werden. Bild 8.3 zeigt einen wenig geglückten Versuch, sich um den Aufwand der Aktualisierungen zu drücken. Auf der gesamten Seite sind – für jeden erkennbar – ausschließlich Informationen dargestellt, die sich nicht regelmäßig

161

ändern lassen oder geändert werden müssen. Die sonst sehr gute Leistungsdarstellung bekommt den faden Beigeschmack der Bequemlichkeit.

3. Frage: Wo und wie oft werden nach der Augenrunde aktuelle Informationen angezeigt?

Eine separate Navigationssparte »News«, »Aktuelle Informationen« oder »Angebote« ist Pflicht. Hinweise schon auf der Homepage oder diverse interne Links zu den Inhaltsseiten mit aktuellen Informationen sind die Kür. Welcher Ansatz hinter dieser Vorgehensweise steckt, haben Sie sich schon in Kapitel 6 »Navigation und Organisation« und in Kapitel 7 »Inhalte« erarbeitet: die Mehrfachnennung Ihrer Informations- und Handlungsprioritäten. Selbstverständlich hat Ihre fleißige Aktualisierungsarbeit Mehrfachnennungspriorität. Verweisen Sie also wiederholt auf die aktuellen Inhalte.

Beispiel aus dem Internet:

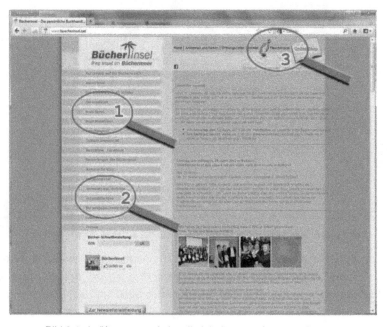

Bild 8.4: Je öfter man auf aktuelle Inhalte verweist, umso besser.

162

Die aktuellsten Informationen stehen schon auf der Startseite, dazu kommen separate Navigationsoptionen »Insel-News«, »Veranstaltungen« und ein auffälliger Verweis auf die regelmäßig erscheinende Hauszeitung »Flaschenpost«. Diese Seiten können Sie gar nicht verlassen, ohne intuitiv erfasst zu haben, wie fleißig die Inhaber der »Buchhandlung des Jahres2004« (Auszeichnung durch das Branchenblatt »BuchMarkt«) an Ihrer Internetpräsentation arbeiten.

4. Frage: Werden alle jeweils aktuellen Offline-Informationen auch auf der Internetpräsentation eingebunden?

Beispiel aus dem Internet:

Bild 8.5: Offline-Kommunikationselemente müssen auch im World Wide Web gut aussehen.

Die aktuellen Standardkarten für Speisen und Getränke sind als PDF-Dokumente in die Seite eingebunden, so wie sie auch offline im Hacker- haus München ausliegen. Zu überlegen wäre noch, ob die sich sicher nicht so oft ändernden Standardkarten nicht zusätzlich als Inhaltsseiten dargestellt werden sollten, wobei das PDF trotzdem zusätzlich zur Verfügung steht. Denn Offline-Kommunikationselemente sollten immer an die speziellen Anforde- rungen von Internetpräsentationen angepasst und nicht eins zu eins übertragen werden.

5. Frage: Gibt es zusätzlich aktuelle zielgruppen- und/oder bran- chenrelevante Informationen durch externe Verlinkungen?

Für Ihre als aktuell wahrgenommene Internetpräsentation kann Ihnen wieder eine der prägnantesten Eigenschaften des Web helfen: die Möglichkeit der Verlinkung zu anderen Internetseiten. Wie schon bei den Inhalten können Sie sich mithilfe externer Verlinkungen auf aktuelle Informationen profilieren und zusätzlichen Nutzen bieten.

So ist es einerseits eine aktuelle Information, wenn z. B. ein Installateur für Heizungsanlagen auf eine Regierungsseite verlinkt, auf der die jeweils aktuel- len Fördermittelprogramme für die Umrüstung von Heizungsanlagen stehen. Damit liefert er außerdem dem Surfer einen großen Nutzen. Denn unter Um- ständen wird er erst durch die Verlinkung auf die staatlichen Subventionen aufmerksam gemacht.

Beispiel aus dem Internet:

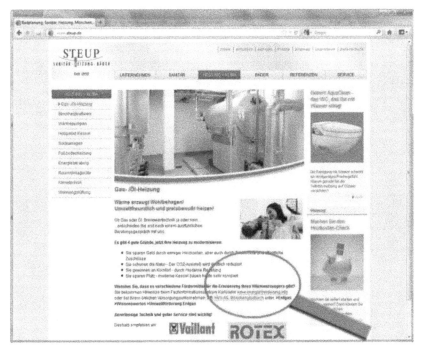

Bild 8.6: Externe Verlinkungen liefern aktuelle Informationen.

Solche externen Verlinkungen (hier auf *www.energiefoerderung.info* und NVV-AG Mönchengladbach) sind nicht nur großzügiger Mehrwert für den Surfer, sondern können unter Umständen dem klaren Selbstzweck dienen, die eigenen Umsätze zu steigern, da sich Endverbraucher unter Zuhilfenahme von Fördermitteln eine Modernisierung schneller leisten können.

6. Frage: Verschicken Sie regelmäßig einen allgemeinen Newsletter?

Beispiel aus dem Internet:

Bild 8.7: Regelmäßige Newsletter halten Unternehmen
bei ihren Zielgruppen in Erinnerung.

Zu Bild 8.7: Auch bei der aktiven News-Verteilung überlässt Tchibo nichts dem Zufall. Unter dem Slogan »Das gibt es nur bei Tchibo« erhalten Newsletter-Abonnenten regelmäßig Informationen.

7. Frage: Verschicken Sie regelmäßig einen produkt- bzw. zielgruppenbezogenen Newsletter?

In das E-Mail-Marketing hat schon längst auch das »One to One Marketing« Einzug gehalten. Also kurz gesagt das permanente Bemühen, Produkte,

Dienstleistungen oder aktuelle Informationen so individuell wie möglich auf jeden Kunden oder Interessenten abzustimmen.

Sollten Sie also verschiedene Produkt- und Dienstleistungsgruppen haben oder Ihre Produkte und Services von unterschiedlichen Zielgruppen (z. B. von Privatpersonen und Fachhändlern) gekauft werden, dann sind die Newsletter-Abonnenten eigentlich nur an den für sie relevanten Informationen interessiert. Ein darauf abgestimmter Newsletter wird seltener ungelesen im Posteingang gelöscht. Ihre Chancen steigen beträchtlich, dass sich die Informationen bis zum nächsten Bedarf des Interessenten in dessen Gedächtnis festsetzen oder sogar direkt einen Bedarf wecken.

Beispiel aus dem Internet:

Bild 8.8: Je höher die Individualisierung des Newsletters, umso größer ist der Erinnerungswert.

Bei der Anmeldung für den Newsletter der Firma Bixolon geben Sie an, in welcher Sprache Sie den Newsletter erhalten wollen und welcher Kundenzielgruppe Sie angehören.

8. Frage: Verschicken Sie Huckepack-Newsletter?

Bilden Sie Marketingkoalitionen unter Beantwortung der Frage: »Wer hat noch dieselbe Zielgruppe, ohne mein direkter Mitbewerber zu sein?«

Beispiel aus dem Internet:

Bild 8.9: Ein gelungener Ansatz: Huckepack-Newsletter.

Conrad, etablierter Versender von elektronischen Bauteilen, erlaubte mit seinem Huckepack-Newsletter der DHL, für deren Packstationen zu werben.

9. Frage: Bieten Sie schon RSS-Newsfeeds bzw. News-Abos an?

Beispiel aus dem Internet:

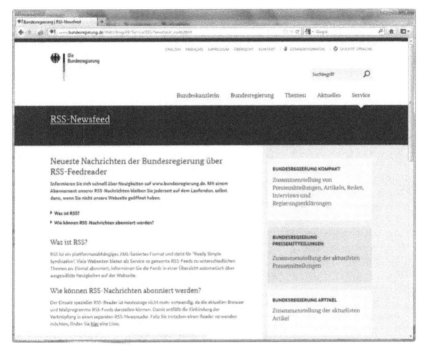

Bild 8.10: RSS-Newsfeeds werden noch immer selten genutzt.

Einfach schlau! Ihr Internet-Browser schaut für Sie auf den von Ihnen abonnierten Internetseiten nach, ob neue Informationen zur Verfügung stehen, und hält Sie darüber auf dem Laufenden.

8.6 Die Checkliste »Aktualität« (Teil 1)

Bewerten Sie jetzt mithilfe der folgenden Checkliste die Aktualisierungen Ihrer Internetpräsentation.

Abfrage	1	2	3	4	5	6	Persönliche Bemerkungen	Priorität
Wie erfolgt die Informations-sammlung, -generierung und -filterung in Ihrem Haus?								
Sind alle sich ändernden Informationen auch auf der Internetpräsentation reprä-sentiert?								
Wo und wie oft werden nach der Augenrunde aktuelle Informationen angezeigt?								
Werden alle jeweils aktuellen Offline-Informationen auch auf der Internetpräsentation eingebunden?								
Gibt es zusätzlich aktuelle zielgruppen- und/oder bran-chenrelevante Informationen durch externe Verlinkungen?								
Verschicken Sie regelmäßig einen allgemeinen News-letter?								
Verschicken Sie regelmäßig einen produkt- bzw. ziel-gruppenbezogenen News-letter?								
Verschicken Sie Huckepack-Newsletter?								
Bieten Sie schon RSS- News-feeds bzw. News-Abos an?								

Bewertung: 1 = sehr gut; 6 = ungenügend – Priorität: 1 = sehr hoch; 6 = unwichtig

8.7 Erklärungen und Beispiele zu den Fragen der Checkliste (Teil 2)

Die Fragen der zweiten Checkliste dieses Kapitels sollen Ihnen helfen, neue Ansätze für die Integration Ihrer Mitarbeiter in die permanenten Aktualisie-rungen Ihrer Internetpräsentation zu finden.

170

1. Frage: Haben alle Mitarbeiter den gleichen Wissensstand und die gleiche Konzeptsicherheit, und wurden sie speziell geschult?

Besonders die Mitarbeiter mit regelmäßigem Kundenkontakt müssen wissen, was auf der Internetseite dargestellt wird, wie es präsentiert wird und wo es zu finden ist. Die Kollegen müssen zudem die Möglichkeit bekommen, ihre Ideen und Wünsche einzubringen. Denn nur dann können Sie Ihre Mitarbeiter motivieren, aktiv an der permanenten Erweiterung und Aktualisierung Ihrer Internetpräsentation mitzuarbeiten. Ein Beispiel zur Erläuterung: Ein Mitarbeiter könnte zum Beispiel vorgeschlagen haben, auf der Website eines Hotels nach Jahreszeiten gegliederte Bildergalerien zu etablieren, auf die er im Beratungsgespräch hinweisen kann. Sprechen ihn die Hotelgäste dann auf dieses Detail an, wird er nicht nur in seiner Arbeit unterstützt, sondern erhält unter Umständen sogar noch einen Motivationsschub durch das Feedback der Gäste. Also wird er sich auch in Zukunft weitere Ergänzungen einfallen lassen.

2. Frage: Haben Sie einen Web-Verantwortlichen benannt und speziell geschult?

Gerade in Unternehmen mit verschiedenen Leistungsbereichen und Abteilungen kann es sehr hilfreich sein, einen zentralen Mitarbeiter mit der Arbeit an der Internetpräsentation zu betrauen. Beispielsweise bekommt ein solcher Mitarbeiter die Aufgabe übertragen, die Internetseite regelmäßig komplett nach Aktualisierungspotenzialen zu durchsuchen und die einzelnen Abteilungen aktiv an ihre Pflicht zur Mitarbeit zu erinnern. Außerdem kann ein Web-Verantwortlicher die Schnittstelle zu externen Programmierern und Agenturen bilden oder Aktualisierungen selbstständig vornehmen.

3. Frage: Haben Sie das Zeitmanagement der mit den Aktualisierungen betrauten Mitarbeiter und deren tägliche Organisationsabläufe angepasst?

In Ihrem Team werden Sie niemals motivierte Web-Verantwortliche finden, wenn Sie willkürlich Mitarbeitern die zusätzliche Arbeit »aufs Auge drücken«. Es muss selbstverständlich sein, dass die ausgewählten Mitarbeiter in ihren Hauptaufgabenlisten auch die nötige Zeit bekommen, um sich in Sachen

Internetpräsentation kundig zu machen sowie konkret an der Zusammenstellung und Umsetzung aktueller Informationen zu arbeiten.

4. Frage: Gibt es Aufgabenteilungen zwischen mehreren Mitarbeitern und damit auch geteilte Verantwortlichkeiten?

Ohne zentralen Web-Verantwortlichen kann es unter Umständen praktikabel sein, die Aufgaben auf mehrere Schultern zu verteilen. So können z. B. in einem Autohaus ein Mitarbeiter für die Neuwagenangebote, einer für die Werkstattaktionen, einer für die Gebrauchtwagenpräsentation und einer für den Zubehörverkauf und die Integration der aktuellen Informationen aus allen Bereichen auf der Internetpräsentation zuständig sein. Das hat zusätzlich den Vorteil, dass sich der jeweils Verantwortliche seinen Teil der Seite so zusammenstellen kann, dass immer die in seinem Bereich gerade aktuellen Informations- und Handlungsprioritäten repräsentiert sind.

Wenn Sie Aufgaben teilen, mehrere Mitarbeiter schulen und ihnen Kompetenzen und Zeit für die Arbeit an der Internetpräsentation geben, hat das noch einen Vorteil: Sie können die Erfüllung der Aufgaben auch konsequent einfordern.

Wählen Sie dagegen den Mitarbeiter aus, der bei der Frage »Wer kümmert sich ab sofort um unsere Internetpräsentation?« gerade geschneuzt hat, und vergessen Sie, ihm Zeit und Mittel zur Verfügung zu stellen, dann haben Sie auch keine Handhabe, um auf der konsequenten Aufgabenerfüllung zu bestehen.

5. Frage: Definieren Sie konkrete Projekte?

Die Regeln für das Projektmanagement gelten natürlich auch für Ihre Internetpräsentation. Festzulegen, wer welche Aufgabe bis wann erledigt, ist das Minimum für die erfolgreiche Weiterentwicklung Ihrer Webpräsenz.

6. Frage: Sind Checklisten angelegt?

Perfekt durchorganisierte Unternehmen scheuen sich nicht, auf vermeintlich veraltete Hilfsmittel wie Checklisten zurückzugreifen. Nicht zuletzt kann mit einer effektiv gestalteten Checkliste jeder Mitarbeiter die Urlaubsvertretung eines anderen übernehmen – auch wenn es um die regelmäßig zu aktualisierenden Informationen auf der Internetpräsentation geht.

7. Frage: Führen Sie Kalender?

Besonders im ersten organisatorischen Bereich geht es nun einmal um Fleiß und Disziplin. Seien Sie sicher: Ein monatlicher Eintrag im Zeitplansystem »Aktuelle Termine auf der Internetpräsentation veröffentlichen« wirkt Wunder!

8. Frage: Haben Sie feste Rituale eingeführt?

In Unternehmen, die wöchentliche Vertriebsmeetings oder Abteilungsleitersitzungen etabliert haben, ist es relativ einfach, diese Meetings noch um den Programmpunkt »Aktualisierung der Internetpräsentation« zu erweitern. Aber selbst wenn Sie in Ihrem Büro nur zu dritt sind, sollten Sie sich einmal im Quartal eine Familienpizza bestellen und über mögliche Ergänzungen und Verbesserungen an Ihrer Website sprechen. Machen Sie es zur Tradition, mit und an der Internetpräsentation zu arbeiten.

9. Frage: Sind Controlling-Kreisläufe angelegt?

Controlling-Kreisläufe sind besonders für den zweiten Organisationsbereich wichtig, denn wo Menschen arbeiten, passieren Fehler. Ob Sie nun selbst programmieren oder eine Agentur beauftragt haben: Schauen Sie besser zweimal nach, was gerade auf Ihrer Internetpräsentation veröffentlicht wurde. Sonst repräsentieren in der nächsten Zeit Tippfehler, unscharfe Bilder oder Schlimmeres Ihr Unternehmen im Word Wide Web.

Controlling-Kreisläufe sind aber nicht nur für die Vermeidung menschlicher Fehler wichtig. Das gesamte World Wide Web besteht aus unzähligen Servern und Computern, die auch alles andere als fehlerfrei arbeiten. War gestern der Klick auf die Navigation noch möglich, erscheint heute schon eine Mitteilung, dass die Seite nicht angezeigt werden kann. Wenn Sie außerdem mit Verlinkungen auf externe Internetpräsentationen arbeiten, kann es passieren, dass die Anbieter der verlinkten Seite den gewünschten Inhalt verschieben oder gar löschen. Wo Sie gestern einem Kunden noch einen Mehrwert geboten haben, kommt jetzt eine leere Seite. Zum Controlling gehört es also auch, in regelmä-ßigen Abständen alle Klicks, Navigationen und Links auf ihre technische Ak-tualität zu überprüfen.

Beispiel aus dem Internet:

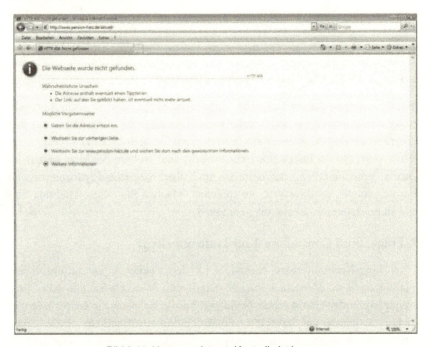

Bild 8.11: Vertrauen ist gut, Kontrolle ist besser.

Hier führt ein nicht aktualisierter Link ins Leere: »Die Webseite wurde nicht gefunden.«

10. Frage: Existiert ein Vorschlagswesen bzw. Ideenmanagement?

Grundsätzlich gilt: Sie können nie genug aktuelle Informationen oder Hinwei-se auf potenzielle neue Inhalte und Funktionen für Ihre Internetpräsentation haben – immer nur zu wenige. Deshalb ist in ihrem Ursprung erst einmal keine Idee nicht umsetzbar oder gar Quatsch. Wenn Sie es schaffen, nicht nur Ihre

Mitarbeiter, sondern auch Ihre Kooperationspartner und Kunden dazu zu bewegen, bei Ihrer Internetpräsentation mitzudenken, werden Sie immer einen Stapel an Ideen haben, die Sie auf Aufwand- und Nutzenverhältnis überprüfen können.

Organisiertes Vorschlagswesen und Ideenmanagement gehören zu den Königsdisziplinen des Marketings, aber versuchen Sie trotzdem regelmäßig Anregungen zu bekommen und diese auch in irgendeiner Form zu dokumentieren.

Beispiel aus dem Internet:

Bild 8.12: Ideenmanagement bei Tchibo.

Tchibo betreibt schon viele Jahre so etwas wie eine Online-Ideendatenbank. Die Kunden übernehmen für den Kaffeeröster quasi die Marktforschung nach Produkt- und Dienstleistungstrends, indem sie online Vorschläge für neue

Produkte machen oder vorgeschlagene Produkte auf Alltagstauglichkeit bewerten. Besser geht es nicht!

11. Frage: Sind die Schnittstellen zur technischen Umsetzung definiert?

Sobald der erste und der zweite organisatorische Bereich nicht in den Händen einer einzelnen Person liegen, ergibt sich die Notwendigkeit der Informationsübertragung. Dabei geht es erstens darum, wie die Informationen von Ihrem Unternehmen zur Web-Agentur kommen. Das mag banal klingen. Aber es ist schon öfter vorgekommen, dass in einem eigenen Dokumentenfach fleißig Presseartikel gesammelt wurden, sich aber niemand dafür zuständig fühlte, diese in ein Kuvert zu stecken und an die Agentur zu schicken.

In diesem Zusammenhang ein Tipp: Die Agentur bestimmt nicht, wie Sie die Informationen zu liefern haben. Wenn also Sie oder ein Mitarbeiter nach wie vor lieber Faxe statt E-Mails schreiben, dann hat sich die Agentur danach zu richten und die zugeschickten Informationen selbstständig für das World Wide Web aufzubereiten.

Die nächste notwendige Verbindung ist unter Umständen schwieriger zu definieren. An der Schnittstelle zwischen Unternehmer und Programmierer gestaltet sich die Kommunikation zwischen Marketinginteressen und technischen Gegebenheiten nachweislich oft schwierig.

Wenn Sie beispielsweise gegenüber einem Programmierer von sprechenden Navigationen, symbolischen Kassen und Informationsprioritäten sprechen, werden Sie im günstigsten Fall ein Schmunzeln ernten.

Was im täglichen Agenturbetrieb selbstverständlich ist, nämlich die teilweise gegensätzlichen Sichtweisen der Marketing- und Technikseite unter einen zu Hut bringen, müssen Sie für sich persönlich etablieren oder auf den Prüfstand stellen. Das Einzige, was zählt, ist das individuelle Ergebnis als professionelle und intuitiv erfassbare Internetpräsentation. Und da heißt es vorbehaltlos aufeinander zuzugehen und immer einen gemeinsamen Nenner zu finden.

Beispiel aus dem Internet:

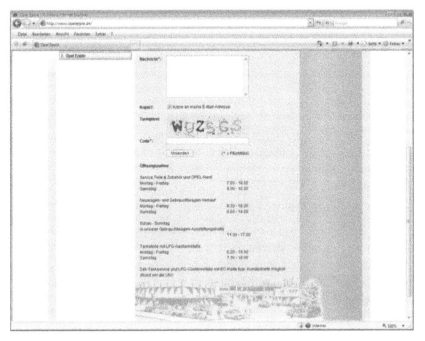

Bild 8.13: Manchmal schwierig: Der Kompromiss zwischen Technik und Marketing.

In diesem Fall gibt es noch keinen einvernehmlichen Konsens zwischen Marketing und Technik. Die korrekte technische Bezeichnung für das System, das verhindert, dass Roboter Ihre E-Mail-Formulare automatisch mit unseriösen Angeboten füllen und an Sie verschicken, lautet »Turing-Test«. Dieser technische Begriff widerspricht allerdings allem, was Sie schon über die Allgemeinverständlichkeit von Navigationsbenennungen erfahren haben. Vielleicht könnte der Begriff Zugriffscode oder eine Ausformulierung wie »Bitte geben Sie die sichtbaren Zeichen in das Feld Code ein« die Brücke zwischen Technik und Marketing sein?

177

12. Frage: Finden regelmäßig Jahreszielpläne und Strategierevisionen statt?

Ersterstellungen oder komplette Überarbeitungen einer Internetpräsentation sind oft sehr zeitaufwendig und binden wichtige Ressourcen. Und sobald Ihre Internetpräsentation nicht Ihre eigentliche Geschäftsgrundlage ist, wird sie im täglichen Ablauf zwar eine wichtige, aber dennoch nur eine Nebenrolle einnehmen.

Umso wichtiger ist es deshalb, sich in regelmäßigen Abschnitten wieder ausschließlich mit der Internetpräsentation auseinanderzusetzen. Ein Jahreszielplan Internet, den Sie außerhalb Ihres Alltags und vielleicht auch außerhalb Ihres Firmengebäudes erstellen und bearbeiten, bietet eine gute Gelegenheit, neue Strategien und Maßnahmen zu beschließen oder bereits getroffene Entscheidungen auf den Prüfstand zu stellen.

Arbeiten Sie mit externen Kooperationspartnern zusammen, sollten Sie diese zu den Treffen einladen. Das ist wichtig für die Agentur, die auf den aktuellen Stand Ihrer Unternehmensentwicklung gebracht werden muss, und wichtig für Sie, da Sie über die neuesten Möglichkeiten und Entwicklungen im Web informiert werden.

8.8 Die Checkliste »Aktualität« (Teil 2)

Bewerten Sie jetzt mithilfe der folgenden Checkliste die Aktualisierungen Ihrer Internetpräsentation.

Abfrage	1	2	3	4	5	6	Persönliche Bemerkungen	Priorität
Haben alle Mitarbeiter den gleichen Wissensstand und die gleiche Konzeptsicherheit, und wurden sie speziell geschult?								
Haben Sie einen Web-Verantwortlichen benannt und speziell geschult?								
Haben Sie das Zeitmanagement der mit den Aktualisierungen betrauten Mitarbeiter und deren tägliche Organisationsabläufe angepasst?								
Gibt es Aufgabenteilungen zwischen mehreren Mitarbeitern und damit auch geteilte Verantwortlichkeiten?								
Definieren Sie konkrete Projekte?								
Sind Checklisten angelegt?								
Führen Sie Kalender?								
Haben Sie feste Rituale eingeführt?								
Sind Controlling-Kreisläufe angelegt?								
Existiert ein Vorschlagswesen bzw. Ideenmanagement?								
Sind die Schnittstellen zur technischen Umsetzung definiert?								
Finden regelmäßig Jahreszielpläne und Strategierevisionen statt?								

Bewertung: 1 = sehr gut; 6 = ungenügend – Priorität: 1 = sehr hoch; 6 = unwichtig

179

9 Interaktivität

In den Beschreibungen zum Dialog in Kapitel 2 wurde die wesentliche Definition von Interaktivität für den Bereich des Surfens auf Internetpräsentationen bereits vorgestellt. Ihre Präsentation im Web bietet für den Surfer verschiedene Auswahlmöglichkeiten in Form von Navigationspunkten und Interaktionselementen. Mit der Abfolge verschiedener Klicks auf Navigationspunkte werden neue oder weitere Navigationspunkte angeboten, was zu dem als Dialog bezeichneten Ablauf zwischen der Internetpräsentation und dem Surfer führt.

Ein Surfer hat also im Gegensatz zum Leser einer Zeitung nicht nur die Möglichkeit, sich zu informieren, sondern er kann agieren und muss es auch. Der Blick auf im World Wide Web abbildbare Interaktionen kann aber auch noch weiter gefasst werden. Interaktivität beschränkt sich nicht nur auf das Anklicken von Navigationspunkten oder den Download von Dokumenten. Interaktiv handelt auch ein Surfer, der statt ein E-Mail-Formular auszufüllen zum Telefon greift und so mit Ihrem Unternehmen in Kontakt tritt. Kurz gesagt: Auch ein Adressblock, der auf jeder Seite eingeblendet ist, bildet eine Interaktivität.

Aus diesem Grund wird in der Checkliste am Ende dieses Kapitels nicht nur das reine Vorhandensein von technischen Features abgefragt. Vielmehr geht es darum, dass Sie künftig jegliche Möglichkeit in Betracht ziehen und auf Ihrer Internetpräsentation etablieren, die in irgendeiner Form aus einem anonymen Surfer einen greifbaren Interessenten macht.

Es kann bei Interaktivitäten also auch einen Wechsel zwischen verschiedenen Medien, auch Medienbruch genannt, geben. Der Griff zum Telefonhörer ist entsprechend ein Wechsel zwischen einem Online-Medium (Ihrer Internetpräsentation) und einem Offline-Medium (dem klassischen Telefon). Außerdem gehören im weitesten Sinn auch jegliche Art von Animationen, Filmen, Audiodateien usw. zu den Interaktivitäten.

Fazit:

Erst die Interaktivität ermöglicht einen Dialog mit dem Surfer. Interaktiv ist Ihre Internetpräsentation immer dann, wenn sich ein Surfer nicht nur informieren, sondern gleichzeitig auch agieren kann.

9.1 Die symbolischen Kassen

Die aktuellen technischen Möglichkeiten, Interaktivitäten auf Internetpräsentationen zu etablieren, sind enorm und entwickeln sich permanent weiter. Außerdem nimmt der Grad der Vernetzung von Online- und Offline-Systemen rasant zu. Die Autovermietung Sixt hat augenscheinlich ihre gesamte Flottenverwaltung mit der Internetpräsentation *www.sixt.de* verknüpft. Ein Interessent bekommt immer nur die Fahrzeuge und Kategorien bei einer Online-Anfrage angezeigt, die zum gewünschten Zeitpunkt an der entsprechenden Servicestation verfügbar sind.

Der Fantasie, den Dialog durch effiziente und innovative Interaktivitäten so lang wie möglich am Laufen zu halten, sind also kaum Grenzen gesetzt. Aber auch für Interaktivitäten gilt: Sie dürfen nie reiner Selbstzweck sein. Ganz im Gegenteil: Die Auswahl geeigneter Interaktivitäten erfolgt ausschließlich unter der Maßgabe, dass sie Ihnen als symbolische Kassen dienen und auch den Surfern einen konkreten Nutzen bieten.

Beispiel aus dem Internet:

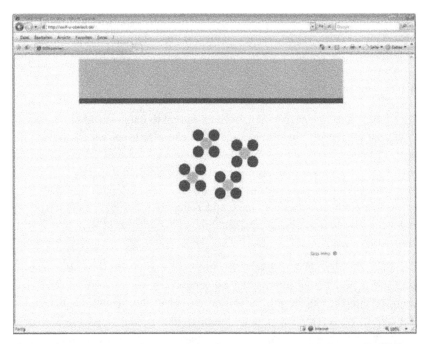

Bild 9.1: Interaktivitäten in Form von Animationen unterstützen nicht immer den Dialog.

Im weitesten Sinne sind auch Animationen Interaktivitäten. Wurde beispielsweise im Jahr 2009 o.a. Internetadresse eingeben, startete automatisch eine Animation. Doch welchen Nutzen hatte diese Animation bzw. Interaktivität? Dem Surfer brachte sie das zweifelhafte Vergnügen, dass sich aus bunten Kreisen irgendwann das Logo des Unternehmens zusammenfügte. Der Nutzen für den Anbieter ist ebenfalls nicht erkennbar. Durch die Animation begann kein Dialog mit dem Surfer, sondern ein Monolog der Internetpräsentation, den der Surfer nur vorzeitig beenden konnte, indem er den unauffällig rechts unten positionierten Navigationspunkt »Skip Intro« anklickte.

Sie sollten also bei der Erstellung oder Überarbeitung Ihrer Internetpräsentation unter anderem genau festlegen, was Sie dem Surfer an Interaktivitäten bzw.

182

symbolischen Kassen anbieten können, damit aus ihm ein greifbarer Kontakt oder sogar eine direkte Umsatzquelle werden kann.

Beispiele für Ziele und symbolische Kassen, die Surfer erreichen sollen:

Ziele	Symbolische Kassen bzw. Interaktivitäten
Direkte Umsätze	Shopsysteme, Gutscheinsysteme, Online-Buchungssysteme, kostenpflichtige Downloads, Affiliate-Programme, Bannerwerbung
Direkte bzw. persönliche Kontaktaufnahmen	Telefonnummern, Callback-Systeme, kostenlose Hotlines, Anfahrtspläne und interaktive Routenplaner
Kontaktaufnahmen per E-Mail	E-Mail-Formulare, E-Mail-Adressen
Adressen- und Kontaktgenerierung für regelmäßig oder automatisch zu versendende elektronische Informationen	Newsletter-Anmeldung, SMS-Service, Downloads, die nur durch vorherige Adresshinterlegung freigegeben werden
Adressen- und Kontaktgenerierung für regelmäßig zu versendende Informationen per Post	Bestellformulare für Kataloge, Prospekte, Preislisten usw.
Weiterempfehlung innerhalb der Zielgruppe	Gewinnspiele, Aktionen, Verlosungen, Generierung spezieller Internetprodukte, Gutscheinsysteme, Druckfunktionen
Markterhebungen bzw. Zielgruppenanalysen	Online-Befragungen, interne Suchmaschinen, Foren und Blogs, Chatrooms, Trackingsysteme (z. B. Google-Analytics)
Information der Surfer	Animationen (2D und 3D), Audiodateien, Videos und Filme, 360°-Produkt- und/oder Raumfotografie

9.2 Web 2.0

Ein Versuch der Begriffsklärung

Sicher haben Sie schon einmal den Begriff Web 2.0 gehört und eventuell auch die Aussage, dass »man da unbedingt mitmachen muss, wenn man noch eine Zukunft als Geschäftsmann haben will«. Leider suggeriert der Begriff Web 2.0 eine Art Weiterentwicklungsstufe gegenüber dem gewohnten Internet. Es ist nämlich keinesfalls sachlich richtig, dass das Web 1.0 eine veraltete Version ist.

Der Begriff Web 2.0 geht auf Dale Dougherty und Craig Cline zurück, die im Jahr 2004 eine Konferenz mit diesem Namen veranstaltet haben. Die beiden wollten damit aber auf keinen Fall eine neue Marketingphrase in die Welt setzen, sondern darüber informieren, dass längst existierende Techniken und Interaktionsmöglichkeiten zu einem veränderten Umgang der Surfer mit dem World Wide Web führen werden. So sagten Dougherty und Cline sinngemäß, dass Surfer nicht mehr nur einem von einer Website vorgegebenen Dialog folgen müssen, sondern ihnen leicht erlern- und benutzbare Funktionen zur Verfügung stehen werden, mit deren Hilfe sie sich quasi selbstständig Internetpräsentationen zusammenzustellen können.

Heute sind aus diesen Vorhersagen Anwendungen und Plattformen wie Facebook, Wikipedia, YouTube oder StayFriends geworden. Von den durch die Nutzer selbstständig zusammengestellten Inhalten (user generated content) profitiert das ganze Web. Außerdem können zusätzliche Informationen nicht mehr nur durch externe Verlinkungen auf andere Seiten genutzt werden, sondern lassen sich direkt in Ihre Programmierstrukturen einbinden.

So können Sie heute ohne Weiteres Ihre Sparte »So finden Sie zu uns« mit interaktiven Routenplanern und Karten von z. B. *www.maps.google.de* ausstatten oder auf *www.youtube.de* ein Video veröffentlichen, das auch innerhalb Ihrer Internetpräsentation angezeigt wird.

Unter dem Begriff Web 2.0 sind also technisch schon länger existierende Interaktivitäten zusammengefasst worden, mit denen Sie Ihr Marketingziel verfolgen oder die Sie direkt als symbolische Kassen verwenden können. Allerdings bedeutet Web 2.0 keinesfalls ein Verfallsdatum Ihrer verwendeten Techniken oder gar Ihrer gesamten Internet-Marketingstrategie.

9.3 Erklärungen und Beispiele zu den Fragen der Checkliste

1. Frage: Erfolgt die grafische und organisatorische Platzierung der Kontaktmöglichkeiten und Kassen nach der Augenrunde?

Die Beschreibung der Augenrunde hat gezeigt, dass ein Surfer seine Aufmerksamkeit auf Ihrer Internetpräsentation unterschiedlich verteilt und in den verschiedenen Darstellungsbereichen auch unterschiedlich lange verweilt. Es gibt also Bereiche auf Ihrer Seite, in denen Informationen schneller und besser von den Surfern wahrgenommen werden als in anderen. Daher ist es selbstverständlich, dass Sie auch Ihre wichtigsten Interaktivitäten in den Bereichen mit den höchsten Aufmerksamkeitsquoten etablieren.

Beispiel aus dem Internet:

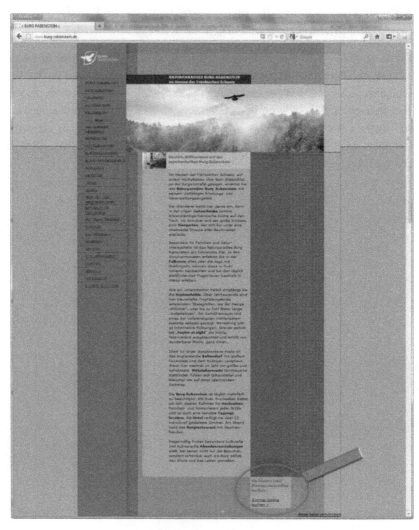

Bild 9.2: Platz wäre genug.

186

Der obere und der rechte Bildschirmbereich sind auf der Augenrunde die ersten Teile einer Internetpräsentation, die vom Surfer wahrgenommen werden. Gerade diese beiden Bereiche bleiben hier nahezu ungenutzt. Außerdem liegt die ideale Kasse für einen Hotelbetrieb, nämlich die Funktion »Zimmer online buchen«, weit außerhalb der Augenrunde am Ende des Inhaltsbereichs.

2. Frage: Gibt es Eyecatcher-Navigationen zu den Kontaktmöglichkeiten und Kassen?

Wenn Sie auf wichtige Informationen oder Interaktivitäten hinweisen wollen, dann können Sie deren Platzierung auf den ersten Positionen der Augenrunde zusätzlich durch grafische Hilfsmittel – den sogenannten Eyecatchern – hervorheben. Wie die sinngemäße deutsche Übersetzung »Augenfänger« schon sagt, ziehen diese das Auge durch besondere Formen und Farben geradezu an.

Beispiel aus dem Internet:

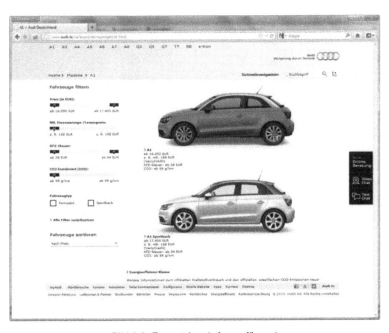

Bild 9.3: Eyecatcher (=Augenfänger)

187

Erst durch die grafischen Elemente im rechten Bildschirmbereich (optimal nach der Augenrunde) werden die modernen Interaktivitäten »Online Beratung«, »Video Chat« und »Text Chat« optimal hervorgehoben.

3. Frage: Gibt es einen permanenten Adressblock?

Auch eine Banalität wie ein permanenter Adressblock ist eine Interaktivität! Denn der Übergang vom anonymen Surfer zum greifbaren Interessenten sollte jedem Besucher Ihrer Internetpräsentation so leicht wie nur möglich gemacht werden. Haben Sie also in irgendeiner Form Interesse daran, dass sich Menschen bei Ihnen registrieren, dann machen Sie einen Adressblock zum Bestandteil Ihrer Internetpräsentation.

Beispiel aus dem Internet:

Bild 9.4: So ist es vorbildlich – der komplette Adressblock
ist auf der Startseite der Internetpräsentation eingebunden.

4. Frage: Gibt es einen Anfahrtsplan, interaktive Routenplaner und/oder Web-2.0-Einbindungen von Karten usw.?

Ein Inhaltsbereich wie »So finden Sie zu uns« ist für verschiedene Geschäftssegmente unterschiedlich wichtig. Was für den Einzelhandel und die Gastronomie unerlässlich ist, sieht ein Handelsvertreter im Außendienst eher als nachrangig an. Wie schon bei der Beschreibung zum Adressblock gilt: Sollten Sie Interesse daran haben, dass Menschen Sie in Ihren Geschäftsräumen aufsuchen, dann zeigen Sie mit allen zur Verfügung stehenden Mitteln, wo und wie Sie zu finden sind.

Lassen Sie sich bitte auch nicht von der Aussage irreführen, dass ja heute schon fast jeder ein Navigationsgerät im Auto hat. Ein Interessent will einfach unkompliziert einschätzen können, wie lang er mit dem Auto zu Ihnen braucht oder ob Sie in der Nähe eines Bahnhofs zu finden sind und vielleicht auch eine Anreise mit dem Zug möglich ist.

Beispiel aus dem Internet:

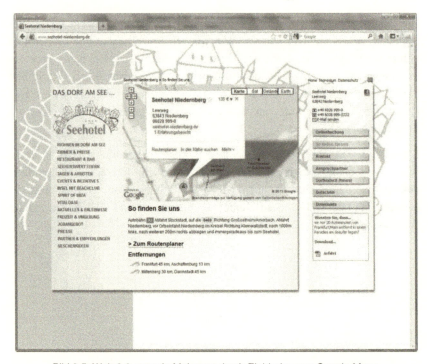

Bild 9.5: Web 2.0 at work: Mehrwert durch Einbinden von Google Maps.

Über die Einbindung einer Karte von *www.maps.google.de* in diese Internetpräsentation und die Eintragung der Adresse in die Karte entsteht ein interaktiver Mehrnutzen für das Hotel und den Surfer. Ein gutes Beispiel für eine gelungene Web-2.0-Anwendung.

5. Frage: Haben Sie Hotlines beziehungsweise Callback-Systeme etabliert?

Die Synergien zwischen Internetpräsentationen und darauf publizierten Telefonnummern sind beeindruckend. Denken Sie daran: Der Dialog allein mit einer Website kann niemals den persönlichen Dialog ersetzen. Gerade bei Produkten und Dienstleistungen mit hohem Erklärungsbedarf sind ausführliche textuelle Beschreibungen unerlässlich – und gerade diese werden im Web nur sehr ungern gelesen.

Dieses Dilemma lässt sich über die Interaktivität einer Telefonnummer entschärfen. Für die Verwendung von Hotlines oder Callback-Systemen (Rückrufsysteme) spricht außerdem, dass Sie diese speziellen Nummern oder Systeme auch kostenlos anbieten können, was die Hemmschwelle der Kontaktaufnahme zu Ihnen senken kann.

Hotlines, die für den Surfer gratis sind, kosten Sie als Anbieter wahrscheinlich weniger, als Sie denken. Natürlich sind hier Ihre internen Organisationsstrukturen zu beachten. Das heißt: Geben Sie immer nur Versprechen, die Sie auch einhalten können! Im Fall von Hotlines und Callback-Systemen bedeutet das: Geben Sie auf Ihrer Internetpräsentation nur die Zeiten an, zu denen Ihre Mitarbeiter den Anruf auch entgegennehmen und einen geforderten Rückruf tätigen können. Wollen Sie für Ihre Kunden 24 Stunden am Tag erreichbar sein, dann empfiehlt es sich, ein Callcenter zu beauftragen.

Beispiel aus dem Internet:

Bild 9.6: Auch durch einen Anruf wird aus einem anonymen Surfer ein greifbarer Kontakt.

Doc Morris war eine der ersten Online-Apotheken und hat damit dem E-Commerce (dem direkten Verkauf von Produkten und Dienstleistungen im World Wide Web) eine neue Sparte hinzugefügt – sehr zum Schrecken der klassischen Apotheken. Mit der Einblendung der Servicetelefonnummer rechts hat der Anbieter seine Hausaufgaben gut erledigt. Erstens haben Medikamente für jeden Menschen einen hohen Erklärungsbedarf – denken Sie nur an mögliche Nebenwirkungen – und zweitens werden sie mit höherer Wahrscheinlichkeit von älteren Menschen bestellt. Gerade diese Zielgruppe traut es sich inzwischen zwar zu, eine Internetpräsentation anzusurfen, fühlt sich aber vielleicht von einem Bestellvorgang im Internet noch überfordert.

Außerdem perfekt gelöst: Die Angabe der Servicezeiten.

Beispiel aus dem Internet:

Bild 9.7: Sowohl eine Hotline als auch ein Callback-System werden angeboten.

Doppelt hält besser – das hat sich Carglass wahrscheinlich gedacht. Als Erstes weist der Anbieter im Inhaltsbereich der Seite »Kontakt« auf eine Hotline hin und bietet gleich darunter einen kostenlosen Rückrufservice (Call-back) an.

Die kurze Beschreibung des Vorgehens bei einem Callback-System für den Surfer erklärt gleichzeitig die dahinter stehende Systematik: »Geben Sie einfach Ihre Telefonnummer an, bestimmen Sie einen Zeitpunkt für den Rückruf, und klicken Sie auf ›Rückruf anfordern‹.«

6. Frage: Haben Sie Ihre Kontakte und Kassen personalisiert?

In Kapitel 7 ging es bereits darum, Kontakt- und Handlungsaufforderungen zu personalisieren. Hier wird der Zusammenhang, Ihren Strukturen und Inhalten so weit wie möglich Personen und Gesichter zuzuweisen, erneut abgefragt. Das verdeutlicht, wie wichtig es ist, auf Ihrer Internetpräsentation persönlich verbindlich zu sein.

Auf das Thema Fotos reagieren die meisten Menschen sehr sensibel. Wer gefällt sich schon selbst auf Fotos? Grundsätzlich darf es jeder Mitarbeiter ablehnen, auf einer Internetpräsentation mit einem Bild dargestellt zu werden. Aber es sollte durchaus möglich sein, zumindest die Mitarbeiter mit direktem Kundenkontakt für die Website zu fotografieren. Die Mitarbeiter von Anfang an einzubinden ist auch hier der Schlüssel zum Erfolg. Einerseits sollten Sie etwas Überzeugungsarbeit leisten, indem Sie die Kollegen darüber aufklären, wie wichtig Mitarbeiterbilder auf einer Internetpräsentation sein können. Andererseits machen es Digitalkameras möglich, eine Reihe von Bildern aufzunehmen und gemeinsam mit Ihrem Mitarbeiter das am besten gelungene Bild auszuwählen.

Sympathische Schnappschüsse der Situationen, in denen Ihre Mitarbeiter normalerweise arbeiten, oder Profifotos vor verschiedenen Hintergründen werden ihre Wirkung nicht verfehlen. Problematisch in diesem Zusammenhang sind allerdings Fotos, die Sie bei Bildagenturen (stock-photography) kaufen können. Die typischen Agenturbilder eines Models, das ein elektronisches Headset trägt, schaffen eher eine kühle Distanz zwischen Ihnen und den Interessenten. Wenn Sie solch ein Foto auf Ihrer Internetpräsentation neben den Hinweis auf Ihren telefonischen Bestellservice veröffentlichen, weiß jeder sofort, dass auf dem Bild kein Mitarbeiter abgebildet ist.

Beispiel aus dem Internet:

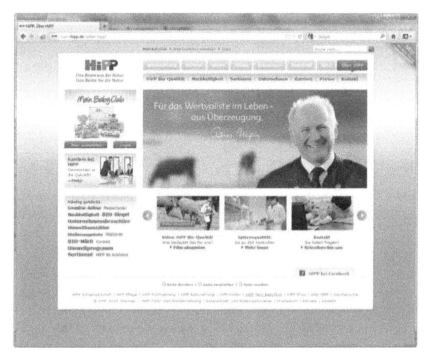

Bild 9.8: Beispiel Claus Hipp: »Dafür stehe ich mit meinem Namen.«

Zum Bild 9.8: Im Fall des Babykost-Herstellers Hipp ist die Personalisierung der Qualitätsaussagen nicht nur im Internet Programm, sondern Kern der gesamten Marketingstrategie.

7. Frage: Haben Sie Mitarbeitersparten etabliert?

Sobald Telefonnummern bzw. Präsentationen von Mitarbeitern und Ansprechpartnern eine wesentliche Interaktionsmöglichkeit sind, sollten alle auf Ihrer Website vorgestellten Ansprechpartner auf einer Übersichtsseite zusammengefasst werden. Eine solche Aufstellung ermöglicht es auch, die Mitarbeiter mit ihren direkten Telefondurchwahlen, Faxnummern und E-Mail-Adressen anzugeben.

Aber Achtung: Ihre interne Organisationsstruktur muss wiederum unbedingt zu diesen Angaben passen. Eine direkte Durchwahl kann und darf nicht angegeben werden, wenn technisch oder organisatorisch nicht gewährleistet ist, dass ein Anruf automatisch an einen anderen Mitarbeiter weitergeleitet wird, wenn der eigentliche Ansprechpartner gerade telefoniert oder nicht an seinem Platz ist. Gleiches gilt auch für die E-Mail-Adressen. Alle angegebenen E-Mail-Adressen müssen organisatorisch und technisch so angelegt sein, dass sie garantiert an allen Geschäftstagen des Jahres abgerufen werden. Sollte sich also ein Kollege im Urlaub befinden, so muss sichergestellt sein, dass seine Mails auch während seiner Abwesenheit bearbeitet werden.

Ein Aspekt der Mitarbeiterdarstellung innerhalb einer Internetpräsentation wird immer wieder kontrovers diskutiert: Zusatzinformationen über die Qualifikationen von Mitarbeitern. Eine ausführliche Übersicht der Ansprechpartner bietet dem Surfer zwar die Möglichkeit, schnell und unkompliziert einen für sein akutes Problem zuständigen Mitarbeiter zu erreichen. Bietet aber z. B. die Ergänzung von speziellen Qualifikationen des Mitarbeiters eine zusätzliche Erleichterung für den Surfer?

Für einen Interessenten kann eine solche Zusatzinformation durchaus nützlich sein. Weiß ein Anrufer beispielsweise, dass ein bestimmter Mitarbeiter eines Autohauses ausgebildeter Elektroniker ist, dann kann er diesen direkt ansprechen, wenn etwa der Scheibenwischer anspringt, sobald der Kofferraum geöffnet wird. Außerdem zeigt sich so auch die Kompetenz des gesamten Autohauses, da ausgewiesene Spezialisten für jedes Problem und für alle Kunden verfügbar sind. Allerdings gibt es dafür auch Gegenargumente wie:

»Das bringt doch gar nichts« oder »Da öffne ich doch Tür und Tor für die Abwerbung meiner Mitarbeiter durch die Mitbewerber.« Bilden Sie sich Ihre eigene Meinung.

Beispiel aus dem Internet:

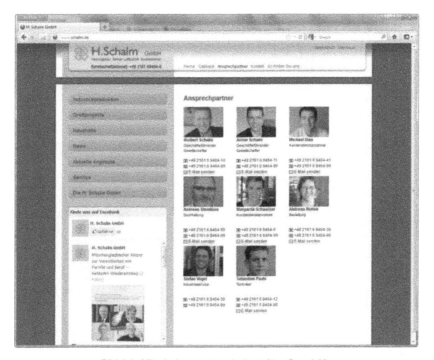

Bild 9.9: Mitarbeitersparten sind gut fürs Geschäft.

In dieser Firma gehen die Chefs mit gutem Beispiel voran: Direkte Durchwahlen und E-Mail-Adressen belegen das Motto »Wir sind für Sie da« deutlicher und glaubwürdiger als ein entsprechender Satz innerhalb einer ausformulierten Selbstdarstellung. Dass nicht jedes Unternehmen in seiner Internetpräsentation mindestens eine derartige Mitarbeitersparte hat, ist unverständlich.

8. Frage: Gibt es ein allgemeines Kontaktformular beziehungsweise anklickbare E-Mail-Adressen?

E-Mail-Formulare werden deshalb gern von Surfern benutzt, weil die vorgegebenen Abfragen das komplette Ausformulieren einer Anfrage ersetzen.

197

Werden in einem Formular die Felder »Name«, »Vorname«, »Straße« »Postleitzahl« und »Ort« ausgefüllt, ersetzt das den getippten Satz: »Mein Name ist Falk Bauer, und ich bin geschäftlich erreichbar in 91058 Erlangen, Am Wolfsmantel 9.« Es ist einfach bequem und entspricht damit der immer wieder zu beachtenden Grundregel, dem Surfer den Dialog mit Ihrer Internetpräsentation so leicht wie irgend möglich zu machen. Dieser Grundsatz muss im Besonderen für die symbolischen Kassen gelten.

Beispiel aus dem Internet:

Bild 9.10: Allgemeine Kontaktformulare strukturieren die Anfragen.

In einem allgemeinen Kontaktformular werden vorrangig die Kontaktdaten des Surfers abgefragt. Zusätzlich hat der Interessent die Möglichkeit, sein Anliegen in einem Feld mit dem Titel »Bemerkungen« auszuformulieren.

Beispiel aus dem Internet:

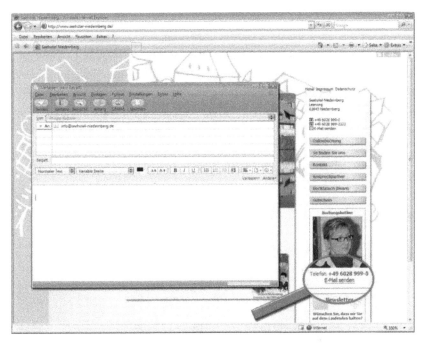

Bild 9.11: E-Mails sind eine Alternative zu Kontaktformularen.

Manche Kunden möchten allerdings keine vorstrukturierten Kontaktformulare verwenden, sondern lieber eine E-Mail an den Ansprechpartner schicken. Das geht besonders schnell und einfach, wenn die E-Mail-Adressen innerhalb der Internetpräsentation so angelegt werden, dass sich das Mail-Programm des Interessenten gleich beim Anklicken der Adresse öffnet. Danach kann der Surfer sein Anliegen in einer E-Mail formulieren und dem gewünschten Ansprechpartner direkt zuschicken. Durch aktuelle Programmiertechniken ist es außerdem möglich, die E-Mail-Adressen so einzubinden, dass sie zwar weiterhin direkt anklickbar sind, aber nicht von Robotern ausgelesen werden können. Diese Roboter durchforsten nämlich das Web, sammeln unter anderem ungeschützte E-Mail-Adressen und versenden dann die sogenannten Spam-Mails an diese Empfänger.

9. Frage: Gibt es individualisierte Kontaktformulare?

E-Mail-Formulare, die sich auf die Abfrage der Kontaktdaten konzentrieren und bei denen der Surfer sein Anliegen in ein Eingabefeld »Bemerkungen« eintragen kann, sind Pflicht. Da E-Mail-Formulare gern genutzt werden, weil sie Formulierungen und Beschreibungen durch klare Abfragen ersetzen, sind individualisierte E-Mail-Formulare die Kür. Mit individualisierten E-Mail-Formularen können zusätzliche Dialoge zwischen Ihrer Internetpräsentation und dem Surfer etabliert werden, indem die Formulare dem Surfer entsprechend seiner Klicks weitere Abfragen, direkte Antworten oder weitere Auswahlmöglichkeiten anbieten.

Beispiel aus dem Internet:

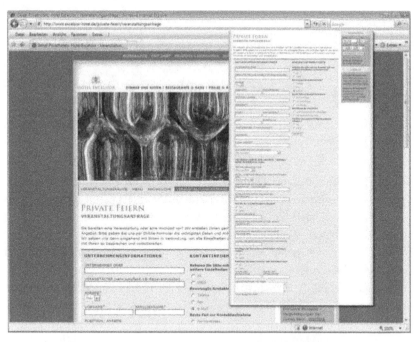

Bild 9.12: Individualisierte E-Mail-Formulare fördern den Dialog.

Mit individualisierten E-Mail-Formularen werden in einem vorgegebenen Dialog zwischen Internetpräsentation und Surfer Kontakte und Anfragen generiert. In diesem Beispiel sehen Sie die Fragen eines Hotels an einen Interessenten für eine Tagung/Veranstaltung.

Bei der Gestaltung individualisierter E-Mail-Formulare gilt es folgende Regeln zu beachten:

• Je individueller Sie E-Mail-Formulare auf Ihre jeweiligen Produkte und Dienstleistungen abstimmen, umso leichter machen Sie es einem Surfer, über diese symbolische Kasse mit Ihnen in Kontakt zu treten. Etablieren Sie also lieber mehrere, aber dafür immer speziellere E-Mail-Formulare.

• Mit individuellen Formularen beachten Sie auch eine Grundregel zum Respekt vor der Privatsphäre eines Surfers und die rechtlichen Vorgaben zu diesem Thema. Fragen Sie etwa in einer Newsletter-Anmeldung gleich die Postadresse mit ab oder umgekehrt bei einer Prospektbestellung die E-Mail-Adresse, dann missachten Sie die Verhältnismäßigkeit der Abfragen. Fragen Sie also in einem speziellen Dialog immer auch nur die Dinge ab, die Sie wirklich wissen müssen, um die Anfrage kompetent und ohne weitere Rückfragen beantworten zu können. Das schafft zusätzlich Vertrauen bei den Interessenten und senkt die Hemmschwelle, mit Ihnen in Kontakt zu treten.

• Mit individualisierten E-Mail-Formularen entsprechen Sie dem Wunsch der Surfer, schnell und einfach in Dialog mit Ihnen zu treten.

• Individualisierte E-Mail-Formulare tragen in hohem Maße zur Entlastung Ihrer Mitarbeiter bei. Je genauer Sie im Dialog mit dem Surfer dessen Wünsche und Probleme eingrenzen, desto schneller und genauer können Sie und Ihre Mitarbeiter die Fragen des Interessenten per E-Mail oder am Telefon beantworten.

• Individualisierte E-Mail-Formulare optimieren die schon beschriebene wichtige Abstimmung zwischen Ihren Informations- und Handlungsprioritäten.

10. Frage: Haben Sie automatisierte Response-Funktionen etabliert?

Mit dem Einzug des World Wide Web ins Geschäftsleben hat sich auch die Geschwindigkeit geschäftlicher Abläufe verändert. Bis vor gut 25 Jahren kamen Anfragen oder Bestellungen per Post. Es konnten also schon mal 14 Tage vergehen, bevor ein Interessent eine Antwort auf seine Anfrage erhielt.

Über Telex und vor allem Fax hat sich die von einem Interessenten akzeptierte Durchlaufzeit für eine Korrespondenz bereits auf nur noch ein bis zwei Tage reduziert. Und heute wird ein Interessent bereits nervös, wenn er nicht innerhalb von wenigen Stunden eine Reaktion auf ein abgeschicktes E-Mail-Formular erhält.

Damit sind Sie und Ihre Mitarbeiter in der misslichen Lage, unmittelbar auf die Anfrage eines Interessenten reagieren zu müssen, aber im Tagesgeschäft eigentlich nicht die Zeit zu haben, alles immer sofort beantworten zu können. Um dem Interessenten, der über ein E-Mail-Formular mit Ihnen in Kontakt tritt, zu signalisieren, dass sein Anliegen bei Ihnen angekommen ist und Sie sich schnellstmöglich darum kümmern werden, können Sie sich der Technik der automatisierten Response bedienen.

Muss der Interessent für das Absenden eines E-Mail-Formulars selbst eine Mail-Adresse angeben, dann können Sie eine Funktion hinterlegen, die ihm eine Art Eingangsbestätigung oder Anfragezusammenfassung an die angegebene Adresse schickt. Dadurch erhält der Interessent eine Bestätigung, dass der Versand des E-Mail-Formulars erfolgreich war. Er kann außerdem seine im Formular gemachten Angaben noch einmal überprüfen und zusätzlich mithilfe Ihrer automatisierten Response einen Korrespondenzverlauf anlegen.

Sobald Sie persönlich nicht mehr in der Lage sind, jede eingehende E-Mail unmittelbar zu bearbeiten und zu beantworten, schicken Sie dem Absender auch manuell eine kurze Information, dass Sie seine E-Mail bekommen haben. Eine zusätzliche Angabe, bis wann Sie eine ausgearbeitete Antwort versenden können, wird der Interessent akzeptieren – auch wenn Sie ihm sagen, dass das erst in drei Tagen der Fall sein wird. Nicht tolerieren wird er hingegen, wenn gar nichts von Ihnen zu hören ist.

Beispiel aus dem Internet:

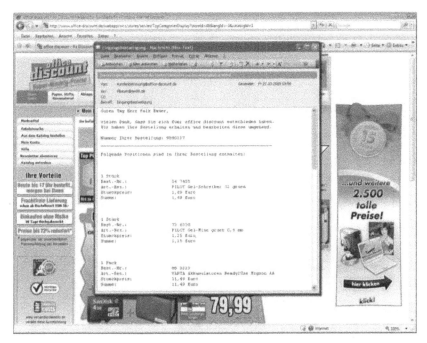

Bild 9.13: Automatisch generierte E-Mails entsprechen dem Wunsch von Surfern, umgehend Antwort auf Kontaktaufnahmen zu erhalten.

Besonders Online-Shops bedienen sich automatisierter E-Mail-Korrespondenz (automatisierter Response). In der Regel bekommen Kunden direkt nach einer Online-Bestellung eine Auftragsbestätigung per E-Mail zugesandt. Viele Online-Shops sparen zusätzlich Zeit und Kosten, indem sie auch Versandbestätigungen und Rechnungen automatisch per E-Mail an ihre Kunden senden.

11. Frage: Haben Sie eine Newsletter-Anmeldung eingebaut?

Wie wichtig es nach wie vor ist, aktiv mit Informationen an seine Kunden und Interessenten heranzutreten, wissen Sie bereits. Mit einer Newsletter-Anmeldung innerhalb Ihrer Internetpräsentation generieren Sie unter Umständen zusätzliche Kontakte, die bisher noch nicht in Ihrem Adressbestand vorhanden waren. Damit sind Newsletter-Anmeldungen wichtige Interaktivitäten bzw. symbolische Kassen für Ihre Internetpräsentation.

Die technische Einbindung einer Newsletter-Anmeldung als individuelles E-Mail-Formular in Ihre Internetpräsentation ist der einfachste Teil für den Einstieg ins professionelle E-Mail-Marketing. Die Technik und Organisation der Adressverwaltung, die Gestaltung und das Texten von E-Mail-Newslettern, der Versand und die Auswertung von Newslettern sind wiederum Spezialgebiete des Internet-Marketings und bedeuten für Sie und Ihr Unternehmen zusätzliche Arbeit und unter Umständen auch zusätzliche Investitionen.

Die wichtigsten rechtlichen Aspekte, die Sie bei der Generierung von neuen Kontakten für einen Newsletter-Versand beachten müssen, werden im Kapitel 10 »Sicherheit und rechtliche Vorschriften« behandelt.

Beispiel aus dem Internet:

Bild 9.14: Eine Anmeldung für einen Newsletter bedeutet: »Ich will etwas von Dir.«

Über die Newsletter-Anmeldung haben die Autoren in den vergangenen beiden Jahren 30 neue Adressen generiert und aus diesem Bestand einen neuen Kunden aktiviert. Mit einem marginalen zeitlichen und finanziellen Aufwand wurde also nicht nur ein neuer Kunde generiert, sondern auch der Profit des entsprechenden Projekts verbessert.

12. Frage: Wie erfolgt die Sammlung und Speicherung generierter Adressen?

Welche rechtlichen Bestimmungen für das Sammeln, Speichern und Verwenden von generierten Adressen zu beachten sind, wird ebenfalls im nächsten Kapitel 10 »Sicherheit und rechtliche Vorschriften« behandelt.

An dieser Stelle sei noch einmal erwähnt, wie wertvoll eine über Ihre Internetpräsentation und deren symbolische Kassen generierte Adresse ist. Tritt ein Surfer aus seiner Anonymität heraus, äußert er nichts anderes, als dass er an Ihnen und Ihren Produkten bzw. Dienstleistungen interessiert ist. Sie haben es also selbst in der Hand, mit fleißiger Nacharbeit aus einem Kontakt, der bisher nur angefragt hat, einen Besteller zu machen – oder im besten Fall aus einem Besteller einen Stammkunden.

Sie müssen nicht gleich eine technisch komplexe Datenbank zum Sammeln und Systematisieren von Kundenadressen etablieren. Zu Beginn genügt es unter Umständen schon, wenn Sie alle über die Internetpräsentation generierten Anfragen aufbewahren, indem Sie diese ausdrucken oder in einem eigenen Ordner Ihres E-Mail-Programms abspeichern.

Mit steigendem Aufkommen können Sie sich dann Schritt für Schritt spezielle organisatorische und technische Strukturen aufbauen und die Voraussetzungen für CRM (Customer Relationship Management, zu Deutsch Kundenbeziehungsmanagement) und Customizing (Produkte und Dienstleistungen auf jeden einzelnen Kunden individuell abstimmen) schaffen.

Und nicht zuletzt bildet die aktive Sammlung von Anfragen, die über Ihre Internetpräsentation generiert wurden, wichtiges Zahlenmaterial für Auswertungen und Messungen zur Effektivität Ihres Webauftritts. Ausführlich wird dieses Thema im Kapitel 11 »Controlling« behandelt.

13. Frage: Haben Sie spezielle Druckfunktionen etabliert?

Das gesamte Web wird unter anderem dafür genutzt, nach Produkten und Dienstleistungen zu recherchieren oder entsprechende Angebote verschiedener Anbieter miteinander zu vergleichen. Ob Sie sich nur den günstigsten Flug aussuchen wollen oder sich vor der Neuanschaffung einer Spülmaschine nach den aktuellen Techniken zum Wasser- und Energiesparen informieren wollen: Sie vergleichen in den meisten Fällen mehrere Angebote und oft auch verschiedene Anbieter.

Dabei kommt es sicher häufig vor, dass Sie sich Teile von Internetpräsentationen ausdrucken, um weitere Vergleiche vornehmen zu können oder um sich die Informationen für einen späteren Zeitpunkt aufzubewahren. Ausführliche Informationen lassen sich auf Papier einfach angenehmer lesen und bearbeiten.

Und genau diese Tatsachen machen aus einem banalen Vorgang eine wichtige Interaktivität bzw. eine symbolische Kasse für Ihre Website. Mit meist nur geringem technischem Aufwand können Sie mit einer Druckfunktion ein gravierendes Unterscheidungsmerkmal zu Ihren direkten Mitbewerbern schaffen.

Mit speziellen Druckfunktionen gewährleisten Sie,

• dass Ausdrucke Ihrer Internetpräsentation – mit Ihrem Logo und Ihren Adressangaben versehen – optisch aussehen, als würden sie auf Ihrem Briefpapier aus dem Drucker kommen. Liegt dieser Ausdruck dann neben dem Ausdruck eines Ihrer Mitbewerber, bei dem maximal anhand einer Web-Adresse nachzuvollziehen ist, von wem der Ausdruck stammt, erhöhen Sie Ihre Chancen, dass der Interessent erneut in Dialog mit Ihnen tritt: (zum Beispiel *http://www.tim99.de/vortraege-seminare*)

• dass die Informationen, die der Surfer ausdruckt, möglichst wenig Papier benötigen und nicht für vier Zeilen Text, die ihn interessieren, vier Seiten aus dem Drucker kommen.

• dass auf einem Ausdruck Ihrer Internetpräsentation auch nur die relevanten Informationen stehen und Navigationsstrukturen oder Farbflächen ausgeblendet werden.

• dass Sie zusätzliche Hinweise auf weiterführende Angebote oder Informationen auf dem Ausdruck hinterlegen können.

• dass Sie mit speziellen Druckfunktionen die Handlungspriorität »Drucken Sie sich diese Seite aus ...« forcieren können. Druckt sich ein Interessent eine Seite aus, ist er natürlich noch nicht aus seiner Anonymität herausgetreten und noch kein verwertbarer Kontakt für Sie. Sie haben es aber geschafft, auf dem Schreibtisch des Interessenten zu landen. Das erhöht wiederum Ihre Chance, dass sich dieser Interessent zu gegebener Zeit wieder an Sie erinnert und erneut in Dialog mit Ihnen tritt.

Beispiel aus dem Internet:

Bild 9.15: Eine gute Druckfunktion zeigt, woher die Informationen kommen.

Druckt sich ein Surfer eine Seite von Ihnen aus, manifestiert er wieder sein gesteigertes Interesse an Ihnen und Ihren Produkten bzw. Dienstleistungen. Mit speziellen Druckfunktionen sorgen Sie dafür, dass diese Ausdrucke nicht zuletzt den Vorgaben Ihres CD/CI entsprechen und damit Ihrem hohen klassischen Imageanspruch auch multimedial gerecht werden.

14. Frage: Welche Download- und Bestellmöglichkeiten bieten Sie an (kostenlos und/oder kostenpflichtig)?

Die dankbarste aller Kassen ist natürlich die Online-Bestellmöglichkeit. Durch sie wird direkter Umsatz und damit auch Gewinn generiert. An dieser Stelle der Überprüfung Ihrer Internetpräsentation stellen Sie sich also ohne jegliche Vorbehalte die Frage »Was könnte ich über das Web direkt verkaufen?« Natürlich wiederum nicht, ohne sich Fragen nach der Umsetzbarkeit dieser Ideen innerhalb Ihrer Organisationsstrukturen zu stellen. Eine Online-Bestellmöglichkeit für Ihre Internetpräsentation technisch zu etablieren, mit der Sie beispielsweise selbst gemachte Marmelade verkaufen können, ist relativ einfach. Der personelle Aufwand für Versand, Berechnung und mögliche Reklamationen kann aber unter Umständen die zu erwartenden Gewinne direkt wieder aufbrauchen.

Aber wie schon für die Druckfunktionen beschrieben, können auch kostenlose Downloads von Dokumenten großes Interesse an Ihnen und Ihren Produkten bzw. Dienstleistungen manifestieren. Eine wertvolle und leicht zu realisierende symbolische Kasse ist es beispielsweise, Interessenten auf Anfrage kostenlos einen Ihrer Hausprospekte per Post zuzusenden. Sie erhalten durch diesen simplen Vorgang eine wertvolle Kundenadresse und gleichzeitig die Möglichkeit, sich diesem Interessenten von Ihrer besten Offline-Seite zu präsentieren.

Beispiel aus dem Internet:

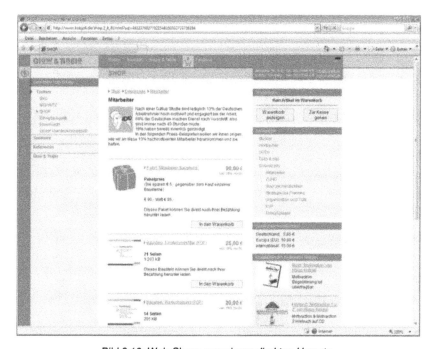

Bild 9.16: Web-Shops generieren direkten Umsatz.

Die – für den Anbieter – schönste Interaktivität generiert direkt auf der Internetpräsentation Umsatz und Gewinn.

Bis vor einigen Jahren konnten sich Interessenten beim Seminaranbieter Klaus Kobjoll melden und bekamen die Seminarunterlagen ausgedruckt sowie kostenlos zugeschickt. Technisch war es nur ein kleiner Schritt vom ersten Ansatz, die Unterlagen im Internet zum Download zur Verfügung zu stellen, bis zum kompletten Online-System, das die Informationen verwaltet, diese nach der Zahlung zum Download freigibt und automatisch Bestätigungen und Rechnungen verschickt. Noch wichtiger als die Technik war aber die konsequente Kosten- und Nutzenabwägung in der Phase der Projektentwicklung.

15. Frage: Haben Sie schon elektronische Abrechnungssysteme etabliert?

Beim Einstieg in den direkten Verkauf von Produkten und Dienstleistungen über das World Wide Web müssen unter Umständen wesentliche Organisationsstrukturen in Ihrem Unternehmen angepasst oder etabliert werden. Nicht zu unterschätzen sind z. B. die Abwicklung und Überwachung der Zahlungseingänge.

Elektronische Zahlungssysteme können dabei helfen, die Prozesskosten zu optimieren. Wenn Sie sich also entscheiden, ab sofort kostenpflichtige Downloads auf Ihrer Internetpräsentation anzubieten, dann kann eine Zahlungsabwicklung per Rechnung einen enormen Verwaltungsaufwand bedeuten. Es gibt aber genügend etablierte Anbieter von elektronischen Systemen, die Ihnen die Abwicklungen der Zahlungen abnehmen können.

Beispiel aus dem Internet:

Bild 9.17: PayPal stellt sich als »offizielles Zahlungsmittel« im World Wide Web dar.

PayPal ist nur eine der aktuellen Möglichkeiten, Zahlungsvorgänge sicher und effizient von einem Spezialisten abwickeln zu lassen.

16. Frage: Bieten Sie (vielleicht sogar regelmäßig) Gewinnspiele, Aktionen, Verlosungen, Umfragen, Gutscheine usw. an?

Alles, was Ihnen neue Kunden bringt oder Stammkunden bindet, rechtfertigt auch einen besonderen Aufwand. So können Sie beispielsweise leicht innerhalb Ihrer Internetpräsentation mit einem Gutscheinsystem die Handlungspriorität »Kommen Sie zu uns« unterstützen.

Beispiel aus dem Internet:

Bild 9.18: Gutscheinsysteme forcieren die Handlungspriorität »Kommen Sie zu uns«.

Im März 2009 wurde die Internetpräsentation des Reha-Teams Oberland aktualisiert. Bis zum 4. Mai 2009 hatten sich drei Surfer den Gutschein ausgedruckt und sich damit in den Geschäftsräumen des Reha-Teams gemeldet. Natürlich ist nicht nachweisbar, dass diese drei Surfer nur gekommen sind, weil sie dort kostenlos Pflasterstreifen bekamen. Wichtig ist nur, dass sich mit dem Gutschein eine ganz neue Möglichkeit für den Anbieter ergibt, in persönlichen Dialog mit einem Interessenten zu treten. Damit steigen die Chancen auf zusätzliche Verkäufe eminent.

17. Frage: Setzen Sie Animation, Film, Sound usw. ziel- und zielgruppenorientiert ein?

Die Möglichkeiten, etwa mit Videos auf bestimmte Produkte und Dienstleistungen hinzuweisen, sind längst noch nicht ausgeschöpft. Überlegen Sie also, welche aktuellen multimedialen Inhalte den Dialog mit den Surfern auf Ihrer Internetpräsentation unterstützen können. Und verwerfen Sie vorerst keine Idee, auch wenn Sie zunächst kaum umsetzbar scheint. Vermeiden Sie es aber, Effekte oder Techniken ohne jede Abstimmung mit den Informations- und Handlungsprioritäten Ihrer Internetpräsentation zu etablieren.

Beispiel aus dem Internet:

Bild 9.19: Moderne Interaktionsmöglichkeit bei IKEA.

18. Frage: Forcieren Sie Upselling, Cross-Selling usw.?

Unter Upselling (Zusatzverkauf) versteht man die tägliche Realität und eine wichtige Ertragssäule fast jedes Unternehmens. Jeder gute Verkäufer versucht im persönlichen Dialog mit einem Kunden, der unter Umständen bereits getroffenen Kaufentscheidung noch einen Zusatzverkauf hinzuzufügen. Überlegen Sie sich also, an welcher Stelle des Dialogs Ihrer Internetpräsentation Sie unter Umständen durch Hinweise oder Links zusätzliche Verkäufe zumindest anbahnen können.

Von Cross-Selling (sinngemäß »über Kreuz verkaufen« bzw. »kreuz und quer verkaufen«) spricht man, wenn die zusätzlich verkauften Produkte oder

Dienstleistungen aus einer völlig anderen Produkt- oder Dienstleistungsgruppe als bei der ersten Kaufentscheidung stammen oder sogar von einem externen Lieferanten oder Kooperationspartner zur Verfügung gestellt werden. Verkaufen Sie dem Interessenten zum Beispiel über ein Affiliate-Programm mit einem Golfausstatter zusätzlich zu Ihrem Golf-Wochenend-Arrangement noch einen neuen Schläger, dann haben Sie Cross-Selling betrieben.

Beispiel aus dem Internet:

Bild 9.20: Warum nur ein Buch verkaufen, wenn es auch zwei sein können?

Unter anderem mit dem Satz »Wird oft zusammen gekauft…« hat Amazon schon vor langer Zeit Maßstäbe für den Online-Verkauf von Waren gesetzt. Aber auch ohne gigantische Datenbanken und Programmierungen, wie sie Amazon verwendet, können Sie Upselling und Cross-Selling betreiben.

214

Empfehlen Sie doch zum Beispiel im Buchungsdialog für das Wochen-end-Arrangement Ihres Hotels gleich den Kauf einer Flasche Champagner. Oder empfehlen Sie als Autohaus mit Ihrem individuellen E-Mail-Formular für die Vereinbarung eines TÜV-Termins Ihren zusätzlichen Hol- und Bringservice.

19. Frage: Welche Web-2.0-Anwendungen haben Sie etabliert?

Web-2.0-Anwendungen können in vier wesentliche Gruppen eingeteilt werden. Diese Einteilung erfolgt ohne den Anspruch auf Vollständigkeit, aber mit konkretem Bezug auf die Interaktivitäten Ihrer Internetpräsentation, die Sie in diesem Buchkapitel überprüfen.

Selbstverständlich sind auch Mischformen dieser Anwendungen denkbar und teilweise bereits etabliert. Die Gruppierung der Anwendungen soll Sie bei der Entscheidung, welche Anwendungen Sie unter Umständen selbst etablieren oder direkt in Ihre Internetpräsenz einbinden möchten, unterstützen.

Bedenken Sie auch die besprochenen Möglichkeiten, sich lediglich als Nutzer oder Beobachter beispielsweise an einem Forum zu beteiligen und somit Web 2.0 indirekt in Ihre Internet-Marketing-Strategie zu integrieren.

Gruppe 1: Einbindung und gemeinsame Nutzung von Techniken und Interaktivitäten

Bild 9.21: Technische Plattformen gemeinsam nutzen? Web 2.0 macht es möglich!

Das Video vom »Stapellauf« des neuesten Swagman wurde zuerst bei YouTube eingestellt und dann per Verknüpfung auch in die Programmstrukturen von *www.swagman.de* eingebunden. Das Überzeugende an der gemeinsamen Nutzung von Techniken und Interaktivitäten ist, dass Sie diese nicht selbst programmieren oder wie in diesem Fall keine eigenen Serverkapazitäten bereitstellen müssen. Außerdem fördert eine Verknüpfung zwischen YouTube und Ihrer Internetpräsentation nach dem aktuellen Wissensstand die Auffindbarkeit in der Suchmaschine Google. »Verbünde Dich mit Googles Freunden, dann bist Du Googles Freund« heißt stark vereinfacht die Devise. Google und YouTube sind schließlich als Konzernschwestern sehr gut befreundet.

Gruppe 2: User-generated Content (vom Surfer selbstständig zusammengestellte Inhalte)

Gemeint sind Blogs, Foren, Chatrooms und so weiter. Stellen Sie selbst eine dieser Techniken und Interaktivitäten zur Verfügung, gilt es unter anderem, die speziellen Regeln zur Netiquette und den zu erwartenden zeitlichen und organisatorischen Aufwand für den Betrieb und die Überwachung einer solchen Interaktivität zu beachten.

Ein automatisch sehr gutes Aufwand- und Nutzenverhältnis erhalten Sie, wenn Sie sich an bereits bestehenden Anwendungen als passiver oder auch aktiver Teilnehmer beteiligen (z.b. *www.facebook.de*). In einem Forum können Sie unter Beachtung der Netiquette authentisch Meinungen zu Ihren Produkten und Dienstleistungen sammeln und die Angebote Ihrer direkten Mitbewerber analysieren.

Der Software-Hersteller Lexware baut schon seit Jahren seinen gesamten Produkt-Support auf einem Forum auf. Mittlerweile auch offiziell durch Mitarbeiter von Lexware unterstützt, stellen und beantworten sich Nutzer gegenseitig Fragen oder helfen sich bei Anwendungsproblemen.

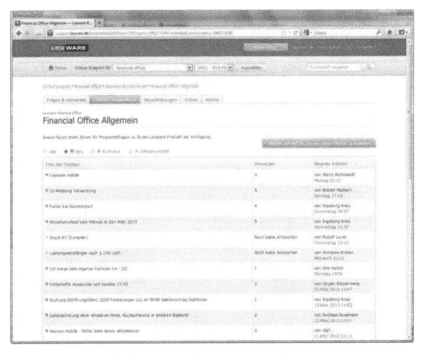

Bild 9.22: User helfen Usern in einem Forum.

Gruppe 3: Bewertungsportale, Kundenrezensionen usw.

Direkt auf Ihrer Internetpräsentation eingebunden, erfordern Bewertungsporta-
le Mut zur Wahrheit und einen offensiven Umgang mit positiven und negati-
ven Meinungen. Unschlagbar sind die dort zu findenden Informationen wiederum für Ihre persönliche Meinungsbildung, die Analyse Ihrer eigenen Produkte
und Dienstleistungen sowie für das Sammeln von Informationen zu Ihren Mitbewerbern.

Bild 9.23: Kundenrezensionen können Kaufentscheidungen beeinflussen oder verändern.

Einer der Erfolgsfaktoren für das Shopping-Portal *www.guenstiger.de* ist die Verfügbarkeit von Kundenrezensionen. Interessieren Sie sich für ein Produkt, finden Sie hier nicht nur diverse Online-Shops, bei denen Sie es erwerben können: Sie können auch Bewertungen von Kunden lesen, die das Produkt bereits gekauft haben.

Gruppe 4: Communities – Gemeinschaften

Oberflächlich betrachtet mögen Communities wie *www.facebook.de* oder *www.stayfriends.de*, die vorrangig von Privatpersonen genutzt werden, nur schöne Freizeitbeschäftigungen sein. Es geht darum, mit Freunden und Bekannten zu kommunizieren, in Kontakt zu bleiben, Informationen auszutauschen und neue Gleichgesinnte kennenzulernen. Aber wie die deutsche Übersetzung von Communities – Gemeinschaften – zeigt, bergen diese unter

219

Umständen für Sie wichtige Marketingpotenziale. Denn setzt man eine Gemeinschaft mit einer Zielgruppe gleich, wird das Potenzial klar. Das Treffen in einer bestimmten Community setzt – vor allem bei Communities, die auf spezielle Zielgruppen ausgelegt sind – gleiche bzw. ziemlich ähnliche Interessen und damit auch gleiche bzw. ähnliche Produkt- und Dienstleistungsinteressen voraus.

Nicht zu vergessen sind natürlich die vorrangig mit geschäftlichem Hintergrund genutzten Communities wie beispielsweise *www.xing.de*. Durch aktive Teilnahme an den diversen Angeboten können Sie hier Netzwerke aufbauen, um potenzielle Kooperationspartner zu finden und mittelbar Zugriff auf neue Mitglieder Ihrer Zielgruppe zu erlangen.

Beispiel aus dem Internet:

Bild 9.24: In welcher Community ist Ihre Zielgruppe bereits Mitglied?

Zu Bild 9.24: Für Anbieter von Tuning-Teilen kann die aktive Teilnahme an den in dieser Community verfügbaren Aktivitäten ein enorm effizientes Marketing-Tagesgeschäft sein.

9.4 Die Checkliste »Interaktivität«

Bewerten Sie jetzt mithilfe der folgenden Checkliste die Interaktivität Ihrer
Internetpräsentation.

Abfrage	1	2	3	4	5	6	Persönliche Bemerkungen	Priorität
Erfolgt die grafische und organisatorische Platzierung der Kontaktmöglichkeiten bzw. Kassen nach der Augenrunde?								
Gibt es Eyecatcher-Navigationen zu den Kontaktmöglichkeiten und Kassen?								
Gibt es einen permanenten Adressblock?								
Gibt es einen Anfahrtsplan, interaktive Routenplaner und/oder Web-2.0-Einbindungen von Karten usw?								
Haben Sie Hotlines beziehungsweise Callback-Systeme etabliert?								
Haben Sie Ihre Kontakte und Kassen personalisiert?								
Haben Sie Mitarbeitersparten etabliert?								
Gibt es ein allgemeines Kontaktformular beziehungsweise anklickbare E-Mail-Adressen?								
Gibt es individualisierte Kontaktformulare?								
Haben Sie automatisierte Response-Funktionen etabliert?								
Haben Sie eine Newsletter-Anmeldung eingebaut?								

Bewertung: 1 = sehr gut; 6 = ungenügend – Priorität: 1 = sehr hoch; 6 = unwichtig

222

Abfrage	1	2	3	4	5	6	Persönliche Bemerkungen	Priorität
Wie erfolgt die Sammlung und Speicherung generierter Adressen?								
Haben Sie spezielle Druckfunktionen etabliert?								
Welche Download- und Bestellmöglichkeiten bieten Sie an (kostenlos und/oder kostenpflichtig)?								
Haben Sie elektronische Abrechnungssysteme etabliert?								
Bieten Sie (ggf. regelmäßig) Gewinnspiele, Aktionen, Verlosungen, Umfragen, Gutscheine usw. an?								
Setzen Sie Animation, Film, Sound usw. ziel- und zielgruppenorientiert ein?								
Forcieren Sie Upselling, Cross-Selling usw.?								
Welche Web-2.0-Anwendungen haben Sie etabliert?								

Bewertung: 1 = sehr gut; 6 = ungenügend – Priorität: 1 = sehr hoch; 6 = unwichtig

10 Sicherheit und rechtliche Vorschriften

Leider kann an dieser Stelle keine aktuelle Auflistung stehen, welche rechtlichen Vorgaben und Gesetze Sie für den Aufbau oder den Betrieb Ihrer Internetpräsentation zurzeit beachten müssen. Da sich die Rechtslage in diesem Bereich ständig verändert und weiterentwickelt, beschränkt sich die folgende Checkliste auch nur auf die wesentlichen Punkte, die zum Zeitpunkt der Bucherstellung vorgeschrieben waren und die vorrangig die Wahrung der Rechtssicherheit der Surfer betreffen.

Das Internet ist kein rechtsfreier Raum, ganz im Gegenteil. Experten sprechen davon, dass es zwar kein homogenes Rechtsgebiet Internet gibt, aber im Web verschiedenste Rechtsgebiete zusammenkommen. Allgemeines und besonderes Zivilrecht, Urheberrecht, Wettbewerbsrecht, Namens- und Markenrecht sind nur einige Beispiele für betroffene Rechtsbereiche. Und das Bemühen, für alle verlässliche Vorgaben und Regelungen zu finden und zu kommunizieren, ist deutlich erkennbar.

Tatsache ist auch, dass aus Rechten des Einzelnen im menschlichen Zusammenleben immer auch Pflichten entstehen. Was Sie als Surfer vor den nicht wegzudiskutierenden kriminellen Machenschaften im Web schützen soll, verpflichtet Sie als Anbieter einer Internetpräsentation selbstverständlich auch dazu, die Regelungen und Vorschriften mitzutragen und bedingungslos zu vertreten.

Oft ist das einfacher, als es im ersten Moment klingt. Denn wenn die Angabe von vollständigen Kontaktdaten, inklusive der Rechtsformen und persönlichen Verantwortlichkeiten, für Sie innerstes Bedürfnis sind und wenn Sie um das so wichtige Wohlgefühl und Sicherheitsempfinden des Surfers wissen, dann ist die Etablierung eines Impressums für Sie eine reine Formalität. Wenn Sie, wie schon beschrieben, auch inhaltlich aktiv darauf hinweisen, dass Sie mit den Ihnen übermittelten persönlichen Daten und Informationen streng vertraulich umgehen, dann ist der Einbau einer Datenschutzerklärung in die Navigationsstrukturen nur noch ein Kinderspiel. Oder wenn Sie bereits zu Beginn eines Bestelldialogs Ihre Frachtkosten und Versandbedingungen kommunizieren, brauchen Sie Ihren Online-Shop den aktuellen rechtlichen Vorgaben nur noch unwesentlich anzupassen.

Fazit:

Bei der Etablierung einer Internetpräsentation sind die verschiedensten Rechtsgebiete zu beachten und während des Betriebs den permanenten Veränderungen in der Rechtsprechung sowie den Vorgabenkatalogen anzupassen.

Zusätzlich zur Reflexion aller ethischen und rechtlichen Umgangsformen im Offline- Geschäftsleben haben Sie für den Betrieb Ihrer Internetpräsentation die Möglichkeit, sich von Spezialisten bei der permanenten Gewährleistung der Online-Rechtssicherheit beraten zu lassen.

Da Sie um die vom Surfer gewünschten Sicherheitsansprüche wissen, kommunizieren Sie Sicherheits- und Vertrauenshinweise, die über die rechtlichen Vorgaben hinausgehen.

Mit der Einhaltung der rechtlichen Vorgaben, beispielsweise zum Urheberrecht, zeigen Sie auch Ihren Mitbewerbern gegenüber Respekt.

10.1 Erklärungen und Beispiele zu den Fragen der Checkliste

Achtung:

Die folgenden Angaben spiegeln den zum Zeitpunkt der Bucherstellung gültigen Wissensstand und die für Deutschland relevanten Vorgaben wieder. Innerhalb der EU gibt es länderspezifische Anpassungen der auch für Deutschland geltenden »europäischen E-Commerce-Richtlinie«, die es zu beachten gilt.

1. Frage: Entspricht Ihr Impressum den Vorgaben?

Je nach Rechtsform Ihres Unternehmens haben Sie verschiedene Angaben auf Ihrer Internetpräsentation zu veröffentlichen. Basis sind die Angabe von vollständigen Anschriften, Telefonnummern und E-Mail-Adressen, Angaben zu vertretungsberechtigten Personen, Registernummern und Umsatzsteueridentifikationsnummern, zuständigen Aufsichtsbehörden usw. Informieren Sie sich bitte jeweils aktuell im Internet oder bei ausgewiesenen Spezialisten, welche Angaben Sie machen müssen.

Wichtig ist außerdem die Platzierung des Navigationspunktes »Impressum« innerhalb Ihrer Internetpräsentation. Das Impressum muss für den Surfer leicht erkennbar, unmittelbar erreichbar und vor allem auch ständig verfügbar sein. Die Schlussfolgerungen daraus lauten, dass erstens die Pflichtangaben eines Impressums immer unter der Navigationsbezeichnung »Impressum« zu finden sein müssen und nicht unter »Kontakt« oder »Über uns«, und zweitens, dass der Navigationspunkt »Impressum« innerhalb der Augenrunde und auf allen Seiten der Internetpräsentation an der gleichen Stelle platziert sein muss.

Beispiel aus dem Internet:

Bild 10.1: Das Impressum ist ein Muss.

226

Ein Impressum grafisch, organisatorisch und inhaltlich zu etablieren ist nach dem jeweils aktuellen deutschen Telemediengesetz für alle Unternehmen Pflicht, die eine Internetpräsentation betreiben – egal, ob es sich um einen Einzelunternehmer oder einen Weltkonzern handelt.

2. Frage: Haben Sie einen Haftungsausschluss etabliert?

Die im World Wide Web als Vorlagen zum Download zur Verfügung stehenden Formulierungen eines Haftungsausschlusses beziehen sich im Wesentlichen auf den Schutz Ihrer eigenen Urheber- und Wettbewerbsrechte. So werden meistens unter den folgenden Zwischenüberschriften Wünsche zum Umgang mit den eigenen Informationen, Bildern, Adressen usw. geäußert und Aussagen zur Respektierung der Rechte anderer gemacht.

Zwischenüberschriften eines standardisierten Haftungsausschlusses

• Inhalt des Online-Angebotes

• Verweise und Links

• Urheber- und Kennzeichenrecht

• Datenschutz

• Rechtswirksamkeit dieses Haftungsausschlusses

Verweise und Links

Verlinkungen auf fremde Internetseiten kennen Sie bereits als probates Mittel, um

• zusätzliche Informationen, streng nach Ihren Informationsprioritäten, für den Besucher Ihrer Internetpräsentation darzustellen,

• aktuelle Informationen für die Besucher Ihrer Internetpräsentation zu generieren,

• im einfachen Rahmen Kooperationen in Form von z.B. Produktempfehlungen (Product-Placement) darzustellen.

So effektiv Verweise und Links also sein mögen: Für die Einrichtung gibt es einiges zu beachten. Grundsätzlich können Sie von Ihrer Internetpräsentation auf eine externe Website verlinken, ohne die explizite Zustimmung ihres Betreibers zu benötigen. Wichtig ist aber erstens, dass sich nach dem Anklicken des entsprechenden Links ein neues Browser-Fenster öffnet, damit klar erkennbar wird, dass die verlinkte Seite weder inhaltlicher noch organisatorischer Bestandteil Ihrer eigenen Internetpräsentation ist.

Zweitens ist zu berücksichtigen, dass die Seiten, auf die Sie verlinken, keine urheber- oder wettbewerbsrechtlich unzulässigen Inhalte enthalten oder Rechte Dritter verletzen. Ansonsten ist derjenige, dessen Urheber- oder Wettbewerbsrechte verletzt werden, berechtigt, auch gegen Sie Unterlassungs- oder Schadensersatzansprüche anzumelden.

Daraus ergibt sich für Sie die Pflicht, durch regelmäßige Überprüfungen des Inhalts der verlinkten Seiten entsprechende Vorwürfe so weit wie möglich bereits im Vorfeld auszuschließen.

Sind Sie sich nicht sicher, was die Rechtskonformität der Inhalte und Strukturen der Seite betrifft, auf die Sie verlinken, dann sollten Sie den jeweiligen Link unverzüglich von Ihrer Internetpräsentation entfernen.

Ergänzen Sie Ihre Sorgfaltspflicht und den Respekt vor fremdem Eigentum und Rechten im Rahmen eines Impressums mit einem Haftungsausschluss. Die Formulierungen und ihre Platzierung innerhalb Ihrer Internetpräsentation allein schützen Sie aber nicht vor rechtlichen Folgen bei Verstößen Ihrerseits.

Beispiel aus dem Internet:

Bild 10.2: Aktuelle Standardtexte für einen Haftungsausschluss auf Deutsch und Englisch finden Sie unter *www.disclaimer.de*.

3. Frage: Haben Sie eine Datenschutzerklärung etabliert?

Als Faustregel können Sie sich merken: Beziehen Sie über Ihre deutsche Internetpräsentation personenbezogene Daten, dann sind Sie verpflichtet, im Rahmen einer Datenschutzerklärung (Privacy Policy) darüber zu informieren, welche Maßnahmen Sie ergreifen, um die Privatsphäre des Surfers, der die Daten an Sie überträgt, zu wahren. Personenbezogene Datensätze beziehen Sie z. B. über ein E-Mail-Formular, wenn Sie den Namen des Surfers im Zusammenhang mit seiner Postadresse erfragen.

Sobald Sie auch nur ein E-Mail-Formular innerhalb Ihrer Internetpräsentation etabliert haben, müssen Sie auch eine Datenschutzerklärung formulieren und etablieren.

Bei der bisherigen Überprüfung Ihrer Internetpräsentation sind Sie bereits einige Male auf den Zwiespalt gestoßen, der zwischen dem Interesse des Kunden am Schutz seiner Privatsphäre und seiner Anonymität sowie Ihrem Interesse an der Generierung von Adressenmaterial über die symbolischen Kassen entsteht.

Mithilfe aller Elemente Ihrer Internetpräsentation (z. B. mit textlichen Sicherheits- und Vertrauenshinweisen) soll sich der Surfer sicher fühlen und die Professionalität und Seriosität Ihres Unternehmens intuitiv erfassen. Somit ist es nicht nur eine rechtliche Vorschrift, eine Datenschutzerklärung abzugeben, sondern vielmehr eine logische Konsequenz!

Noch ein Tipp: Platzieren Sie die Datenschutzerklärung in der gleichen Optik und Organisation wie das Impressum, und ergänzen Sie, soweit vorhanden, auch Angaben zu Ihrem Datenschutzbeauftragten.

Beispiel aus dem Internet:

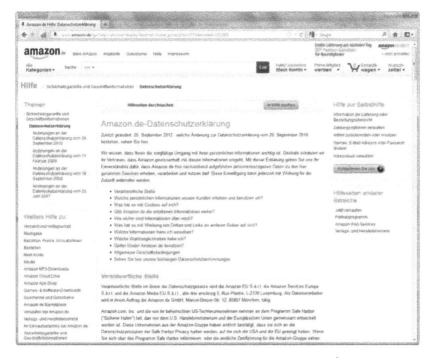

Bild 10.3: Ausführlich und verständlich formuliert gibt *www.amazon.de* Sicherheits- und Vertrauenshinweise im Rahmen der Datenschutzerklärung wieder.

4. Frage: Kennen und beachten Sie die besonderen Vorschriften für Online-Shops?

Besonders für Online-Shops gilt es verschiedene rechtliche Vorschriften zu berücksichtigen. Auch in diesem Bereich gilt, dass die permanente Weiterentwicklung der Rechtsprechung für den Bereich E-Commerce (direkter Verkauf von Waren oder Dienstleistungen über das Web) es unmöglich macht, im Rahmen dieses Buches eine konkrete und aktuelle Liste abzubilden.

Ein Beispiel dazu: Seit einiger Zeit enthält das Gesetz gegen den unlauteren Wettbewerb (UWG) unter anderem eine Vorschrift, dass in Online-Shops zum

Stückpreis pro Verpackungseinheit eines Artikels unter Umständen auch der Basispreis des Artikels angegeben werden muss. Verkaufen Sie also beispielsweise Wein in Ihrem Online-Shop, dann reicht es nicht, den Preis pro Flasche anzugeben: Zusätzlich müssen Sie den Preis pro Liter Wein nennen.

Speziell für Online-Shops gilt es einen weiteren Aspekt der aktuellen Online-Welt zu beachten: Haben Surfer kein Vertrauen in Sie oder betrachten sie Ihre Internetpräsentation nicht als Lösung ihres aktuellen Problems, dann generieren Sie im schlimmsten Fall keine Adressen, oder die monatlichen Zugriffe nehmen stetig ab.

Da Online-Shops aber den rechtlichen Vorgaben des Wettbewerbsrechts genügen müssen und im World Wide Web Ihr direkter Mitbewerber stets nur einen Mausklick entfernt ist, stehen Sie mit einem Online-Shop auch unter besonderer Beobachtung Ihrer Mitbewerber.

Für redliche Online-Shop-Betreiber ist es unter Umständen schwierig, stets auch die kleinsten Details rechtlicher Änderungen für dieses Geschäftsfeld zu kennen. Deshalb haben es sich einige Menschen zur Aufgabe bzw. zur Geschäftsidee gemacht, diejenigen, die nicht hundertprozentig auf dem aktuellen Stand sind, mit oft drastischen Mitteln wie Abmahnungen oder Unterlassungsklagen auf Unzulänglichkeiten aufmerksam zu machen. Eventuell ist es also gelegentlich so, dass die kostenpflichtigen Abmahnungen unter Vorschiebung der Wahrung der Rechte der Verbraucher zu stattlichen Umsätzen und Gewinnen entsprechender Spezialisten führen. Bedenken Sie also immer, dass rechtliche Nachlässigkeiten auf Internetpräsentationen und speziell auf Online-Shops nicht einfach Kavaliersdelikte sind, sondern auch weitreichende finanzielle Folgen haben können.

5. Frage: Benutzen Sie für Ihre Newsletter-Anmeldungen ein »Double-Opt-In« Verfahren?

Adressen, die über Ihre Internetpräsentation generiert werden, sind Gold wert für die Gewinnung neuer Kunden. Folgende rechtlichen Aspekte müssen Sie aber beachten, bevor Sie aktiv mit diesen Adressen arbeiten können.

Achtung:

Wenn Sie Adressen z. B. für ein Mailing verwenden, die Sie nicht selbst über Ihre eigene Geschäftstätigkeit oder über Ihre Internetpräsentation generiert haben, verstoßen Sie gegen geltendes Recht.

Kaufen Sie also keine Adressen zu, denn das Zusenden sogenannter ungefragter Werbung an diese Adressen kann wiederum Abmahnungen und Unterlassungsklagen nach sich ziehen!

Warum müssen Sie so vorsichtig sein? In erster Linie haben die allgegenwärtigen Spam-Fluten in den E-Mail-Postfächern in den vergangenen Jahren die berechtigte Frage aufgeworfen: »Woher haben die denn meine E-Mail-Adresse?« Und nicht nur im E-Mail-Posteingang, sondern auch im Briefkasten erscheint immer wieder Werbung, die man nicht angefordert hat. Deshalb sind Firmen und Verbraucher deutlich in ihren Rechten bestärkt worden, um sich gegen diese Art von ungefragter Werbung wehren zu können.

Ein Surfer muss demnach heute ausdrücklich darum bitten, von Ihnen zukünftig weiter kontaktiert zu werden. Und außerdem muss er jederzeit die Möglichkeit haben, diese Einverständniserklärung wieder rückgängig zu machen. Die beiden folgenden Aspekte sind für die rechtssichere Gestaltung von symbolischen Kassen unverzichtbar.

Double-Opt-In

Wenn also ein Interessent aufgrund der aktuellen Rechtslage ausdrücklich darum bitten muss, zukünftig von Ihnen informiert zu werden, dann fragen Sie ihn, um ganz sicher zu gehen, besser zweimal. Das besagt der Begriff »Double-Opt-In«: Double bedeutet zwei und Opt steht für Option, Double-Opt-In bedeutet also, dass Sie dem Interessenten zweimal die Wahl lassen. Für eine Newsletter-Anmeldung funktioniert das Double-Opt-In wie folgt:

Bild 10.4: Die erste Zustimmung

In dieses Formular gibt der Surfer seine Daten ein und äußert damit zum ersten Mal: »Ja, ich möchte zukünftig von dem Anbieter informiert werden.«

Bild 10.5: Die zweite Zustimmung

Das Newsletter-System verschickt dann automatisch eine E-Mail an die einge-
tragene E-Mail-Adresse mit der Aufforderung, die Anmeldung zum Newsletter
per Klick auf einen Link zum zweiten Mal zu bestätigen.

Erst mit Klick auf den Link hat der Surfer zum zweiten Mal zugestimmt und
wird vom System erst dann für zukünftige Newsletter freigeschaltet. Im kleineren Rahmen oder ohne Newsletter-System müssen Sie diese Bestäti-
gungs-E-Mails manuell verschicken und auch persönlich dafür Sorge tragen,
dass Sie den Kunden nach einer Abmeldung auch zuverlässig aus Ihrer Vertei-
lerliste streichen.

Single-Opt-In

Kombinieren Sie ein E-Mail-Formular für eine Tagungsanfrage in einem Hotel
oder für eine Katalogbestellung mit einer Anmeldung zu weiteren Informationen per Post und/oder E-Mail, dann ist das unter folgenden Bedingungen zulässig:

235

Bild 10.6: Ohne Zustimmung keine Werbe-E-Mails.

236

Das Häkchen neben dem Satz »Ich bin damit einverstanden, dass meine vorstehenden personenbezogenen Daten (einschließlich meiner Telefonnummer und E-Mail-Adresse) zum Zwecke der persönlich auf mich zugeschnittenen Werbung und Marktforschung von der Volkswagen AG, den Volkswagen Konzerngesellschaften sowie den von mir ausgewählten Volkswagen-Partnern (Händlern) verarbeitet und genutzt werden« darf nicht vorab im E-Mail-Formular gesetzt sein, sondern muss bei der Bestellung des Prospektmaterials durch den Surfer explizit eingetragen werden. Mit dieser einfachen Zustimmung (Single-Opt-In) ist es VW erlaubt, den Surfer zukünftig mit diversen Medien anzuschreiben.

6. Frage: Übertragen Sie sensible Daten ausschließlich verschlüsselt?

Mit einer verschlüsselten Übertragung von E-Mail-Formularen sammeln Sie zusätzliche Pluspunkte bei Ihren Surfern. Dies zeigen Sie ihnen in Form eines expliziten Hinweises auf Ihre umfassenden Maßnahmen zum Schutz ihrer Privatsphäre. Auf dem Weg von Ihrer Internetpräsentation in Ihren E-Mail-Posteingang geistern die über Ihre E-Mail-Formulare generierten Daten quasi durch das gesamte Web, passieren dabei diverse Computer und Server und können damit natürlich theoretisch auch abgefangen werden. Aber keine Angst: Ganz so einfach ist es nun auch wieder nicht, E-Mails mitzulesen.

Aber dennoch können Sie durch die Verschlüsselung von E-Mails die Wahrscheinlichkeit, dass Daten und Informationen allzu leicht bei schwarzen Schafen im Internet landen, deutlich verringern.

Im Besonderen gilt das natürlich für die Übertragung von Zahlungsdaten über das Web. Kontonummern oder Kreditkartendaten dürfen Ihre Internetpräsentation nicht unverschlüsselt verlassen.

Beispiel aus dem Internet:

Bild 10.7: Unter den rechtlichen Hinweisen auf *www.ergo.de* befinden sich Hinweise zur »Informationsübertragung und Verschlüsselung«.

7. Frage: Müssen Sie standesrechtliche Bestimmungen beachten?

Besonders für Ärzte, Rechtsanwälte und Steuerberater gibt es spezielle Vorgaben für eine Internetpräsentation. Zum Beispiel existiert folgender für Ärzte zu beachtender Hinweis: »Bei der bildlichen Darstellung des Arztes darf dieser nicht bei der Ausübung seiner Tätigkeit gezeigt werden. Schon das Tragen eines Arztkittels kann als unzulässig gelten.«

Informieren Sie sich also vorab bei der für Sie zuständigen Kammer, was Sie wie auf Ihrer Internetpräsentation darstellen dürfen.

238

10.2 Die Checkliste »Sicherheit und rechtliche Vorschriften«

Bewerten Sie jetzt mithilfe der folgenden Checkliste die Sicherheit und die rechtlichen Vorschriften Ihrer Internetpräsentation.

Abfrage	1	2	3	4	5	6	Persönliche Bemerkungen	Priorität
Entspricht Ihr Impressum den Vorgaben?								
Haben Sie einen Haftungs- ausschluss etabliert?								
Haben Sie eine Datenschutz- erklärung etabliert?								
Kennen und beachten Sie die besonderen Vorschriften für Online-Shops?								
Benutzen Sie für Ihre News- letter-Anmeldungen ein »Double-Opt-In«-Verfahren?								
Übertragen Sie sensible Daten ausschließlich ver- schlüsselt?								
Müssen Sie standesrechtliche Bestimmungen beachten?								

Bewertung: 1 = sehr gut; 6 = ungenügend – Priorität: 1 = sehr hoch; 6 = unwichtig

11 Controlling

Ist meine Internetpräsentation schon mein bester Mitarbeiter? Starten meine Navigationsbenennungen den Dialog? Funktioniert meine Augenrunde? Wie effektiv sind meine symbolischen Kassen? Sind meine textlichen Informationen zu lang oder zu kurz? Kommen meine Informationsprioritäten auch bei meiner Zielgruppe an?

Diese und noch viele weitere Fragen haben Sie Ihrer Internetpräsentation mithilfe dieses Buches schon gestellt. Außerdem werden Sie umgehend die Faktoren anpassen und optimieren, die sich aus Ihren persönlichen Checklisten-Benotungen und den entsprechenden Prioritätseinschätzungen als verbesserungswürdig herausgestellt haben.

Jetzt sind Sie bei einem Aspekt der Arbeit angelangt, der Sie – wie die permanenten Aktualisierungen – nie mehr loslassen wird. Sie kontrollieren ab sofort laufend, ob und wie die Maßnahmen und Veränderungen an Ihrer Internetpräsentation auch Wirkung zeigen. Dieses Kapitel wird Sie ermutigen und motivieren, Entscheidungen, ob eine Veränderungsmaßnahme positive oder negative Wirkung erzielt, nicht mehr vom Bauchgefühl abhängig zu machen. Vielmehr können Sie künftig die Entscheidungen für Ergänzungen oder Veränderungen und damit in den meisten Fällen auch über finanzielle Investitionen anhand von konkreten Zahlen und Auswertungen treffen.

Zu messen und zu kontrollieren, wo immer es geht, ist wiederum eine Parallele zum klassischen Marketing. Aber das World Wide Web macht es Ihnen relativ leicht, an auswertbares Zahlen- und Informationsmaterial zu kommen. Henry Ford hatte es da 1915 noch etwas schwerer, was er wie folgt auf den Punkt gebracht hat: »Die Hälfte meiner Werbung ist zum Fenster hinausgeworfen. Die Frage ist nur – welche Hälfte?«

Und jetzt zur weniger schönen Nachricht. Wie schon für den ersten organisatorischen Bereich der permanenten Aktualisierungen an Ihrer Internetpräsentation geht beim permanenten Controlling ohne Selbstmotivation, Motivation Ihrer Mitarbeiter, Fleiß und Disziplin leider gar nichts. Planen Sie also für Ihre organisatorischen Strukturen rund um Ihre Internetpräsentation auch Zeit, offene Kommunikation und die Unterstützung durch Kooperationspartner für das Controlling ein.

11.1 Allgemeine Web-Statistiken

Allgemeine Web-Statistiken stellen das Minimum an Informationen bereit, die Sie brauchen, um beispielsweise zu erfahren, wie viele Surfer pro Tag, Monat oder Jahr Ihre Internetpräsentation besuchen. Ihr Provider stellt Ihnen diese allgemeinen Web-Statistiken automatisch zur Verfügung.

In den meisten Fällen arbeiten Sie technisch gesehen mit mindestens zwei Providern zusammen. Der erste Provider, der sogenannte Access-Provider (Access = Zugang; Provider = derjenige, der etwas zur Verfügung stellt) garantiert Ihnen im wörtlichen Sinne den Zugang zum Web. Mit dem in der Regel von einer Telefongesellschaft angebotenen Zugang können Sie selbst im World Wide Web surfen sowie E-Mails senden und empfangen. Sie schließen mit dem Access-Provider einen Vertrag über einen Internetzugang (z. B. DSL) ab und der Access-Provider stellt Ihnen seine geleisteten Dienste monatlich in Rechnung.

Der zweite Provider, mit dem Sie zusammenarbeiten, sobald Sie eine Internetpräsentation im World Wide Web veröffentlichen, ist ein sogenannter Internet-Service-Provider. Mit einem solchen Spezialisten (z. B. 1&1, Strato, Deutsche Telekom) haben Sie einen sogenannten Hosting-Vertrag abgeschlossen. In den meisten Fällen beinhaltet ein solcher Vertrag Vereinbarungen über zwei wesentliche Leistungen: das Web-Hosting – grob übersetzt umfasst dies das Aufbewahren der Internetpräsentation – und das E-Mail-Hosting, das Bereitstellen eines E-Mail-Servers, der es Ihnen erlaubt, unter Ihrer Internetdomain (z. B. *www.tim99.de*) eine E-Mail-Adresse (z. B. *falk.bauer@tim99.de*) zu betreiben.

Im Rahmen des Hosting-Vertrags zeichnet der Internet-Service-Provider sogenannte Server-Logs auf. Mit einem Auswertungsprogramm werden die in den Server-Logs gespeicherten Rohdaten grafisch und statistisch in einer allgemeinen Web-Statistik ausgewertet.

241

Die wichtigsten Informationen einer allgemeinen Web-Statistik

Sind die aufgezeichneten Server-Logs bei allen Internet-Service-Providern noch annähernd gleich, so geben die grafischen und statistischen Auswertungsprogramme oft sehr unterschiedliche Analysen und Aufbereitungen wieder. Im Folgenden werden die für Sie wichtigen Zahleninformationen vorgestellt, die Sie für die Entscheidungsgrundlagen und Erfolgskontrollen Ihrer Internetpräsentation benötigen.

Außerdem geben allgemeine Web-Statistiken meistens eher Tendenzen als hieb- und stichfeste Zahlen wieder. Für exaktes und ergänzendes Zahlen- bzw. Statistikmaterial müssen Sie technisch und organisatorisch noch weitere Maßnahmen ergreifen, die im Folgenden genauer vorgestellt werden. Da ohne die richtige Interpretation der Zahlen eine Auswertung oder Statistik keine Aussagekraft als Bewertungs- und Entscheidungsgrundlage hat, werden Sie anhand einiger Beispiele lernen, die verfügbaren Zahlen richtig zu interpretieren und zueinander ins Verhältnis zu setzen.

Visits und Hits

Visits oder auch Besucher pro Monat, die Ihre Internetpräsentation angeschaut haben, sind die erste wichtige Zahl, mit der Sie Ihre Internetpräsentation kontrollierend hinterfragen können. Diese Zahl ist Ausgangspunkt für alle Messungen, Vergleiche, Auswertungen und eine erste messbare Größe, die für das Controlling des Offline-Marketings so kaum zur Verfügung steht. Sicher wären alle Ladenbesitzer in einer Fußgängerzone ganz heiß darauf, ohne größeren Aufwand zu erfahren, wie viele Besucher monatlich in ihren Laden kommen.

Bitte halten Sie aber die Zahl der Visits, die in Ihrer allgemeinen Web-Statistik ausgewiesen wird, nicht für hundertprozentig exakt. Zum Beispiel werden je nach Auswertungsprogramm des Internet-Service-Providers auch alle eigenen Besuche auf Ihrer Internetpräsentation mitgezählt sowie auch Besuche von Suchmaschinen als Visit registriert. Als Faustregel für eine einigermaßen aussagekräftige Zahl können Sie sich merken: Wenn Sie circa 20 Prozent von der Zahl der Visits abziehen, dann erhalten Sie die ungefähre Zahl von Besuchern.

Um auf die Anzahl von Besuchern aus Ihrer Zielgruppe zu schließen, ist die Zahl der Zugriffe oder auch Hits (eine weitere Kennzahl, die auf allgemeinen Web-Statistiken ausgewiesen ist) auf Ihrer Internetpräsentation im Auswertungszeitraum zwar interessant, aber noch weniger konkret als die der Visits. Denn je nach Auswertungsprogramm und Aufbereitung der Server-Logs verursacht ein Surfer mit Klick auf eine Ihrer Internetseiten drei Zugriffe bzw. Hits, weil unter Umständen drei Bilder auf dieser Internetseite dargestellt werden, die jeweils einen Zugriff/Hit verursachen.

Beispiel aus dem Internet:

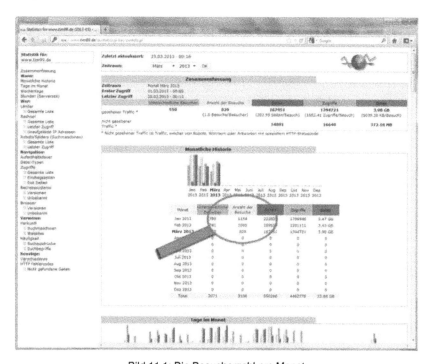

Bild 11.1: Die Besucherzahl pro Monat

Hier ein Beispiel für ein Auswertungsprogramm von Server-Logs. Auf der ersten Seite der Auswertungen ist sofort die Anzahl der monatlichen Visits abzulesen.

Auswertung der Visits pro Tag

Sich diese Teilauswertung genauer anzuschauen kann zum Beispiel bei der Überprüfung der Verknüpfung von Online- und Offline-Marketingmaßnahmen interessant sein.

Beispiel aus dem Internet:

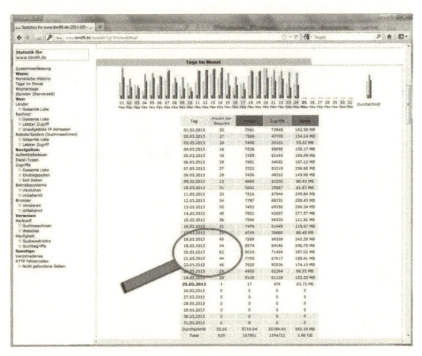

Bild 11.2: Interessante Zahl: die Besuchermenge an bestimmten Tagen

Haben Sie beispielsweise eine Zeitungsanzeige geschaltet, in der Sie auf spezielle Angebote innerhalb Ihrer Internetpräsentation hinweisen, dann kann diese Auswertung erste wichtige Rückschlüsse darauf geben, ob die Anzeige tatsächlich Interessenten auf Ihre Internetpräsentation gelockt hat.

11.2 Auswertung der Referrer oder: Wo surft meine Zielgruppe noch?

Besonders interessant ist es natürlich zu wissen, wie und vor allem von wo die Surfer auf Ihre Internetpräsentation gekommen sind. In den häufigsten Fällen wird Ihre Internetdomain direkt in einen Browser eingegeben. Aber allgemeine Web-Statistiken zeichnen häufig zusätzlich auf, ob und von welchen anderen Websites aus auf Ihre Internetpräsentation verweisen bzw. verlinkt wurde.

Das erlaubt zwei interessante Rückschlüsse: Kommt ein Surfer von einer anderen Internetpräsentation zu Ihnen, gehört er mit großer Wahrscheinlichkeit auch Ihrer Zielgruppe an. Zweitens ermutigt die Feststellung, dass nicht nur Sie auf andere Seiten verlinken, sondern auch auf Sie verwiesen wird, zu einer genaueren Beschäftigung mit der Frage:

»Wo surft meine Zielgruppe noch beziehungsweise schon?« Wenn Sie dann Ihre direkten Mitbewerber ausschließen, kommen Sie unter Umständen zu einer Liste von möglichen Kooperationspartnern, mit denen Sie eine gegenseitige Verlinkung der Internetpräsentationen organisieren könnten. Sie warten dann also nicht mehr passiv ab, dass die Surfer zu Ihnen kommen, sondern holen sie direkt von anderen Internetseiten im World Wide Web ab.

Die Auswertungen der Referrer (refer = verweisen) in einer allgemeinen Web-Statistik helfen Ihnen auch, bereits eingerichtete Verlinkungen auf ihre Effektivität zu prüfen. Das ist unter Umständen auch kaufmännisch wichtig. Denn wie schon in den Kapiteln 7 »Inhalte« und 9 »Interaktivität« erwähnt, können gegenseitige Verlinkungen, Product-Placement, Upselling, Cross-Selling usw. als Refinanzierungsmodelle ausgelegt werden.

Wenn Sie zum Beispiel Ihre Zielgruppe auf einem Stadtportal, wie z. B. *www.nuernberg.de*, abholen können, ist es durchaus üblich, dass die Stadt Nürnberg für die Verlinkung auf Ihre Internetpräsentation einen Monats- oder Jahresbetrag verlangt. Mithilfe der allgemeinen Web-Statistik können Sie nachvollziehen, wie viele Surfer im Abrechnungszeitraum von der Internetpräsentation der Stadt Nürnberg auf Ihre Seite gekommen sind, und sich dann entscheiden, ob eine Vertragsverlängerung sinnvoll ist oder ob Sie das Budget anderweitig verwenden sollten.

Beispiel aus dem Internet:

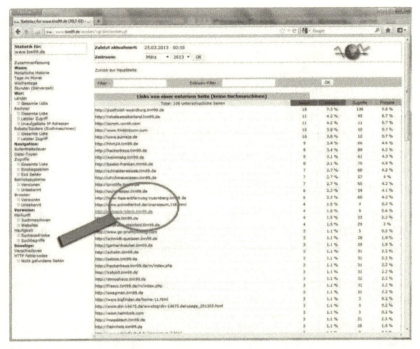

Bild 11.3: Woher kommen die Surfer?

Die allgemeine Web-Statistik zeigt an, wie viele Surfer über die Internetpräsentation eines Kunden auf die Seite der Autoren gekommen sind.

11.3 Genauere Analysen, Zugriffszähler usw.

Äußerungen wie »schöne Homepage« oder »nicht schlecht« sind gut für die Motivation, haben aber aus Marketingsicht keinerlei auswertbare Aussagekraft. Und wie erwähnt, stellen die allgemeinen Web-Statistiken eher Tendenzen als stichhaltiges Zahlenmaterial zur Verfügung.

Deshalb gab es schon früh in der Internetzeit Bemühungen, genauer zu messen und zu erfassen, wie sich Surfer auf einer Internetpräsentation bewegen, wo sie

246

in die Website einsteigen und welchen Weg sie nehmen, bis sie die Seite wieder verlassen. Vorreiter waren auch hier wieder die E-Commerce-Pioniere. Sie wollten berechtigterweise wissen, aus wie vielen Besuchern der Internetpräsentation letztlich Käufer wurden. Eingeführt sind diese Messungen unter anderem unter dem Begriff Konversionsrate oder »conversion rate«. Eine Konversionsrate wird berechnet, indem man die gezählten Käufer durch die Anzahl der Besucher im Betrachtungszeitraum teilt.

Und auch wenn Sie keine Waren unmittelbar über das World Wide Web verkaufen, sollten Betrachtungen und Auswertungen zum Verhalten der Surfer auf Ihrer Internetpräsentation zukünftig fester Bestandteil Ihres Controllings sein. Denn mit den folgenden Hilfsmitteln können Sie messen, wie Ihr vorgegebener Dialog funktioniert, ob er auch zu den gewünschten symbolischen Kassen führt und ob die Kassen dann auch genutzt werden.

11.3.1 Google Analytics

Neben den bekannten Funktionen bietet Google, die derzeit meistgenutzte Internet-Suchmaschine, auch einige kostenlose Marketing- bzw. Controlling-Tools an. Eine wichtige Ergänzung zu den allgemeinen Statistiken ist Google Analytics. Nach einer kostenlosen Anmeldung bei Google erhalten Sie ähnlich wie bei den schon beschriebenen Affiliate-Programmen verschiedene Codeschnipsel (Tracking-Codes), die Sie in Ihre Programmstrukturen integrieren können. Jeder Klick, den ein Surfer z. B. auf einen Navigationspunkt ausführt, wird dann von diesen Codeschnipseln bzw. Google Analytics registriert. Und da diese Schnipsel wie ein Netz über die gesamten Programmierstrukturen verteilt sind, fallen die Auswertungen von Google Analytics wesentlich genauer aus als die einer allgemeinen Web-Statistik.

Grafisch ausgewertet stehen Ihnen interessante Informationen zur Verfügung:

• zur durchschnittlichen Zeit, die ein Surfer auf Ihrer Internetpräsentation verbringt,

• dazu, wie viele Seiten durchschnittlich von einem Surfer pro Besuch auf Ihrer Internetpräsentation angeklickt werden,

• darüber, welche Seiten Ihrer Internetpräsentation am häufigsten aufgerufen wurden,

• dazu, wie viele Besucher Ihrer Internetpräsentation das erste Mal bei Ihnen waren,

• darüber, mit welchen Internet-Browsern Ihre Internetpräsentation angezeigt wird.

Beispiel aus dem Internet:

Bild 11.4: Google Analytics steht Ihnen kostenlos zur Verfügung.

Übersichtlich und grafisch aufbereitet liefert Google Analytics eine Menge auswertbarer Informationen und Zahlen. Besonders interessant sind die weiterführenden Funktionen, die Google Analytics aktuell unter dem Navigationspunkt »Ziele« anbietet.

Ziele

Mit den vorgegebenen technischen Einrichtungen – dabei werden wiederum Codeschnipsel innerhalb Ihrer Programmierstrukturen verteilt – sind Sie in der Lage, zukünftig genau nachzuvollziehen, welche symbolischen Kassen benutzt wurden. Besser können Sie die Effektivität Ihres Dialogs nicht prüfen, als die Konversionsrate zwischen Besuchern und nachweislich benutzten Kassen zu ermitteln.

Beispiel aus dem Internet:

Bild 11.5: Werden die symbolischen Kassen von den Surfern genutzt?

249

In diesem Beispiel wurde nicht nur ausgewertet, wie oft die symbolische Kasse der Online-Bestellung benutzt wurde, sondern aus Marketingsicht auch weitergedacht: Denn sobald bei Arcor ein Surfer zwar den Weg zur Kasse gefunden hatte, die Bestellung aber nicht abgeschlossen hatte, wurde ein individuelles E-Mail-Formular mit folgendem Wortlaut eingeblendet:

»Was können wir besser machen? Wir arbeiten derzeit daran, unseren Online-Service zu verbessern – möchten Sie uns dabei helfen? Offenbar hat Sie irgendetwas davon abgehalten, die Bestellung online abzuschließen. Darum schreiben Sie uns doch einfach, was Sie gestört hat. Wir freuen uns über Ihr Feedback! ...« Das war beispielhaft. Denn Arcor hatte nicht nur den Dialog nachvollzogen, sondern zusätzlich eine neue Kontakt- bzw. Handlungsaufforderung etabliert und diese durch ein Mitarbeiterbild personalisiert.

Trichter

Trichter nennt Google innerhalb seines Analytics-Tools die nachvollziehbare Aufzeichnung des Dialogs, den der Surfer mit Ihrer Internetpräsentation führt. Mit einem Trichter wird aufgezeichnet, ob und in welcher Reihenfolge der Surfer bestimmte Codeschnipsel aufgesammelt hat, die Sie sich für die Markierung Ihres Dialogs ausgedacht haben. In Kombination mit einem angelegten Ziel ist damit eine effektive Überprüfung des Dialogs möglich.

Beispiel aus dem Internet:

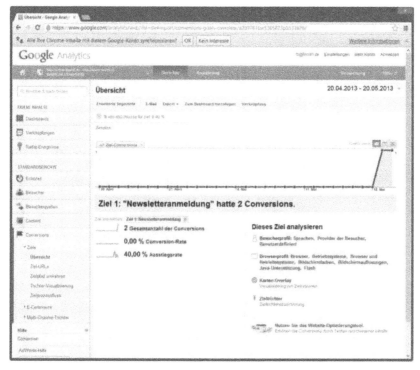

Bild 11.6: Für die Autoren ist es interessant, zu wissen, ob die
Surfer die Anmeldung zum regelmäßigen E-Mail-Newsletter benutzen.

11.3.2 Individuelle Zugriffszähler

Auch ohne Integration von Google Analytics können Sie sich auswertbare
Zahlen liefern lassen. Trauen Sie sich beispielsweise nicht, aus einem Download eine symbolische Kasse zu machen und den Download nur freizugeben,
wenn der Interessent vorher seine E-Mail-Adresse hinterlegt, dann können Sie
mithilfe eines individuellen Zugriffszählers erst einmal messen, wie oft der
Download überhaupt genutzt wird.

Stellt sich dann heraus, dass die ladbaren Informationen offensichtlich interessant sind und sehr häufig abgerufen werden, dann können Sie sich überlegen, vielleicht doch die E-Mail-Adressen der Interessenten abzufragen.

Beispiel aus dem Internet:

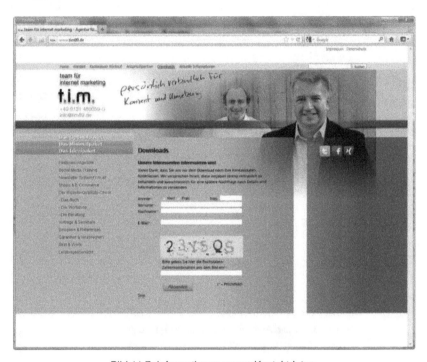

Bild 11.7: Informationen gegen Kontaktdaten.

Unter dem Motto »Unsere Interessenten interessieren uns!« wird in diesem Beispiel eine symbolische Kasse etabliert, indem der Download nur gegen hinterlegte Kontaktdaten freigegeben wird.

Selbstverständlich sind in solchen vorgeschalteten Formularen die schon beschriebenen Anmeldeverfahren (Single- und/oder Double-Opt-In) für die zukünftige Zusendung von Informationen etablierbar. In diesem Fall wird auf die Übertragung der gesammelten Adressen in den Newsletter-Verteiler verzichtet und in einer speziellen Datenschutzerklärung formuliert, wie mit den generierten Daten umgegangen wird: »Vielen Dank, dass Sie uns vor dem Download noch Ihre Kontaktdaten hinterlassen. Wir versprechen Ihnen, diese Angaben streng vertraulich zu behandeln und ausschließlich für eine spätere Anfrage nach Details und Informationen zu verwenden.«

Beispiel aus dem Internet:

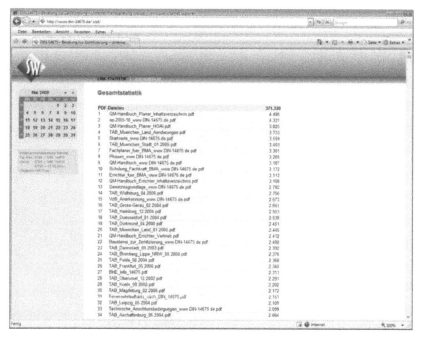

Bild 11.8: Individuelle Zugriffszähler als Entscheidungsgrundlage.

Ohne vorgeschaltete symbolische Kasse wird hier aufgezeichnet, welche PDF-Dokumente wie oft heruntergeladen werden. Die registrierten Zahlen können auch als Entscheidungsgrundlage dienen, ob die PDF-Dokumente zukünftig nur noch kostenpflichtig zum Download angeboten werden sollen.

11.3.3 Auswertungen interner Suchmaschinen

Wie interne Suchmaschinen den Dialog mit Ihrer Internetpräsentation effektiv unterstützen können, wissen Sie bereits. Entsprechend zeichnet Ihre interne Suchmaschine idealerweise auf, welche Begriffe wie oft gesucht wurden, welche Begriffe zu Treffern innerhalb Ihrer Internetpräsentation geführt haben und für welche Suchbegriffe noch keine Ergebnisse angezeigt werden.

Beispiel aus dem Internet:

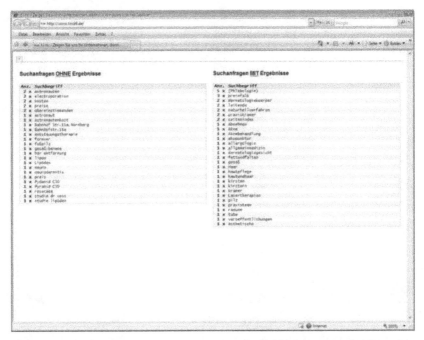

Bild 11.9: Wonach suchen die Surfer innerhalb einer Internetpräsentation?

Grundlage für die stetige Optimierung der internen Suchmaschine ist die regelmäßige Auswertung der Aufzeichnungen. So können auch häufig eingegebene Tippfehler in den Suchbegriffen Schritt für Schritt den entsprechenden Seiten innerhalb Ihrer Internetpräsentation zugewiesen werden. Die Anzahl der Suchbegriffe, die zu keinen Treffern geführt haben, nimmt also stetig ab.

Damit erhöht sich der Nutzwert einer solchen internen Suche für die Surfer enorm.

11.3.4 Auswertungen von Newsletter-Aussendungen

Der regelmäßige Versand von E-Mail-Newslettern ist nach wie vor ein adäquates Mittel, um sich bei Ihren Kunden und Interessenten in Erinnerung zu halten und aktiv auf aktuelle Angebote und Informationen hinzuweisen. Auch E-Mail-Newsletter müssen auf ihre Ziele und Effektivität hin geprüft werden.

Dabei finden sich durchaus Parallelen zu den schon beschriebenen Auswertungen zum Dialog der Surfer mit Ihrer Internetpräsentation. Auch E-Mail-Newsletter können mit symbolischen Kassen ausgestattet werden. Wenn Sie zum Beispiel in Ihrem Newsletter per Link auf eine direkte Bestellmöglichkeit verweisen, dann ist es sehr wichtig zu wissen, wie viele Kunden der Dialog aus dem Newsletter heraus auf das Online-Bestellformular und letztlich zur direkten Bestellung geführt hat.

Sobald Sie also darüber nachdenken, zukünftig regelmäßige Newsletter zu versenden, sollten Sie auch die Anschaffung einer geeigneten Software-Lösung bedenken. Ab rund 1.500 Euro einmalig und gegen zusätzliche monatliche Kosten zwischen 50 und 150 Euro (alle Preise zuzüglich der gesetzlichen Mehrwertsteuer) erhalten Sie durch ein Newsletter-System unter anderem die schon besprochene rechtliche Sicherheit bei der Generierung und der Verwaltung der Adressen sowie ausführliche Statistiken und Auswertungen für ein effektives Controlling Ihrer Newsletter-Versendungen.

Folgende Auswertungen sollten Newsletter-Systeme mindestens bieten:

• An wie viele Adressen wurde versendet?

• An wie viele Adressen wurde erfolgreich versendet?

• Wie viele Abonnenten haben sich vom Newsletter abgemeldet?

• Wie viele Adressaten haben den Newsletter gelesen?

• Welche Links wurden angeklickt bzw. welche symbolischen Kassen wurden besucht?

Beispiel aus dem Internet:

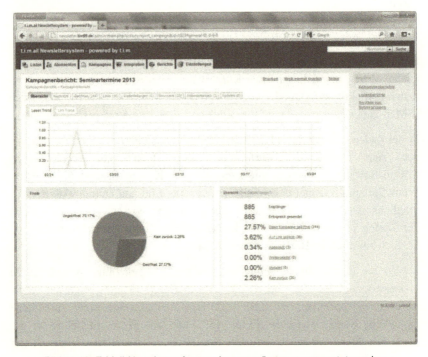

Bild 11.10: E-Mail-Newsletter-Aussendungen müssen ausgewertet werden.

11.4 Was können Sie noch aus den Statistiken lernen?

»Glaube nur einer Statistik, die Du selbst gefälscht hast« heißt sinngemäß eine Regel im Umgang mit Zahlen, Auswertungen und Statistiken. Man könnte den Satz auch dahingehend interpretieren, dass man Auswertungen und Statistiken nicht als Selbstzweck betrachten darf, indem man sie durchliest, ohne dabei die richtigen Fragen zu stellen.

Die Menge an möglichen Auswertungen und Messpunkten für statistische Erhebungen ist sicher so vielfältig und individuell wie das World Wide Web selbst. Aus diesem Grund folgen hier nur einige wenige Fragen, die Sie Ihrer

Auswertung stellen sollten, und einige aussagekräftige Beziehungen, die Sie zwischen den verschiedenen Auswertungen herstellen sollten.

Visits und benutzte symbolische Kassen

In Kapitel 9 »Interaktivität« haben Sie sich in der Checkliste bereits die Frage gestellt, ob und wie Sie die über die symbolischen Kassen generierten Adressen, Daten, Bestellungen, Anfragen usw. sammeln und speichern.

Spätestens für Ihr zukünftiges Controlling benötigen Sie diese Sammlungen, um sie unter anderem ins Verhältnis zu den Visits auf Ihrer Internetpräsentation zu stellen. Denn eine Aussage über die Effektivität Ihres Dialogs lässt sich nicht allein mit der Anzahl der Besucher pro Monat treffen. Haben Sie zum Beispiel 10.000 Besucher monatlich registriert, zählen aber nur drei konkrete Anfragen über das entsprechende E-Mail-Formular im Betrachtungszeitraum, dann besteht dringender Handlungsbedarf zur Überprüfung sämtlicher Erfolgskriterien einer wirksamen Internetpräsentation. Bei nur 300 Besuchern pro Monat und drei generierten E-Mail-Anfragen besteht entsprechend weniger Handlungsdruck – der Dialog scheint effektiv.

Um entscheiden zu können, wie und wo Sie auf eventuell schlechte Verhältnisse reagieren sollten, können Sie unter anderem die beschriebenen Hilfsmittel »Ziele« und »Trichter« von Google Analytics einsetzen.

Welche Seiten werden wie oft angeklickt?

Schon eine allgemeine Web-Statistik stellt Ihnen Informationen zur Verfügung, welche Seiten Ihrer Internetpräsentation am häufigsten und welche eher selten angeklickt werden. Hellhörig sollten Sie auf jeden Fall werden, wenn die Seiten mit Ihren wesentlichen Informationsprioritäten und symbolischen Kassen nicht unter den am häufigsten angeklickten Seiten zu finden sind. Auch oder gerade wenn Sie Ihre Internetpräsentation regelmäßig aktualisieren und die entsprechenden Bereiche nur selten besucht werden, besteht dringender Handlungsbedarf. Untersuchungen zu den Wegen und Zielen bzw. symbolischen Kassen, die die Besucher innerhalb Ihrer Internetpräsentation benutzen, können unter Umständen schnelle Abhilfe schaffen. Allein über veränderte

Anordnungen innerhalb der Augenrunde oder Anpassungen auf Ihrer Homepage können aus wenig besuchten Seiten häufig frequentierte Seiten werden.

Die Auswertung der Referrer oder: Woher kommen die Surfer auf Ihre Internetpräsentation?

Die Fragestellung, wo Ihre Zielgruppe schon surft und wie Sie sie von dort zu Ihrer Internetpräsentation locken können, sollte permanenter Bestandteil Ihrer Überlegungen zum Betrieb und zu den regelmäßigen Optimierungen Ihrer Internetpräsentation sein. Mit der Auswertung dieser Teilstatistiken zu den Referrern erfahren Sie außerdem, woher die Surfer unter Umständen auch ohne Ihr Zutun kommen. Und sie dienen als kaufmännische Entscheidungs-grundlage, wenn Portal- und Verlinkungskonzepte mit Refinanzierungsmodel-len hinterlegt sind.

Natürlich gehört zu jeder Internet-Marketing-Strategie die Auffindbarkeit Ihrer Internetpräsentation in Suchmaschinen wie z. B. Google. Aber alle Bemühun-gen, mithilfe von Optimierungen vor Ihren direkten Mitbewerbern im Ranking einer Suchmaschine zu erscheinen, müssen durch sogenannte Portal- und Ver-linkungskonzepte unterstützt werden und lassen sich mit den Auswertungen der Referrer auf Effektivität überprüfen.

Wenn Sie auf so vielen Internetpräsentationen wie sinnvoll und möglich Ihre Zielgruppe da abholen, wo sie bereits surft, schlagen Sie noch eine zweite Fliege mit derselben Klappe. Denn nach aktuellem Wissensstand honoriert es beispielsweise die Suchmaschine Google mit guten Platzierungen in den Er-gebnislisten, wenn von vielen und speziell von hoch frequentierten Internet-präsentationen auf Ihre Seite verlinkt wird. Das Gleiche gilt, wenn Sie von Ihrer Website aus häufig auf andere Seiten verlinken.

Technische Ausstattung der Surfer

In den bisherigen Kapiteln haben Sie schon mehrfach herausgearbeitet, wie wesentlich auch optische Eindrücke über Erfolg oder Misserfolg Ihrer Inter-netpräsentation entscheiden. Das multimediale Image leidet extrem, wenn

Farben und Formen innerhalb der Internetpräsentation nicht gut eingesetzt werden.

Die theoretisch beste Augenrunde verfehlt ihre Wirkung, wenn Formatierungen durcheinandergeraten sind. Dazu wird keine der symbolischen Kassen Ihnen den gewünschten Erfolg bringen, wenn sie sich nicht schnell und einfach von den Surfern benutzen lässt.

Bei einem konventionellen gedruckten Werbeprospekt können Sie die subjektive Wahrnehmung innerhalb der Zielgruppe zumindest so weit beeinflussen, als sich jeder, der den Werbeprospekt in die Hände bekommt, unter den gleichen Startbedingungen eine subjektive Meinung bildet. Gleiche Startbedingungen bedeuten in diesem Fall, dass jeder den Prospekt in der gleichen Papierqualität, in der gleichen Größe, mit dem gleichen Gewicht und mit den gleichen Farbnormen gedruckt in den Händen hält.

Für die Darstellung von Internetpräsentationen gibt es solche gleichen Startbedingungen nicht. Nur wenn jeder Surfer weltweit ein technisch identisch ausgestattetes Computersystem und dieselbe Internetanbindung hätte, könnten Sie annähernd davon ausgehen, dass alle Ihre Internetpräsentation zumindest ähnlich dargestellt bekommen.

Natürlich gibt es ständige Bemühungen, weltweit gültige Standards zu definieren, die die Unterschiede in den Verfügbarkeiten und Darstellungen von Internetpräsentationen so gering wie möglich halten sollen. Aber allein die permanente Weiterentwicklung der Programmcodes und Internet-Browser werden immer einen Zwiespalt zwischen den angestrebten und letztlich von den Surfern wahrgenommenen Darstellungen und Benutzereigenschaften auf Internetpräsentationen darstellen.

Wenn Sie es also schon nicht allen recht machen können, dann gilt es natürlich, den bestmöglichen Kompromiss zu finden und so zu gewährleisten, dass Ihre Zielgruppe Ihre Internetpräsentation annähernd gleich wahrnimmt und sämtliche Funktionen und Interaktivitäten problemlos benutzen kann. Dabei ist es keine pauschale Lösung, Ihre Seite immer auf den jeweils aktuellsten Internet-Browser abzustimmen. Mit welchen technischen Gegebenheiten Ihre Zielgruppe Ihre Internetpräsentation betrachtet, erfahren Sie wiederum durch Ihre allgemeine Web-Statistik oder durch erweiterte Analyse-Tools wie Google Analytics.

Beispiel aus dem Internet:

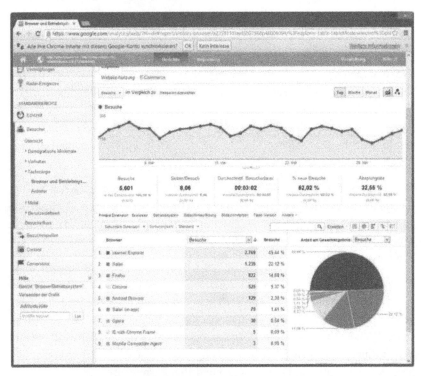

Bild 11.11: Google Analytics liefert u.a. interessante
Informationen zur Verbreitung verschiedener Browser.

Sollten Sie vor der Veröffentlichung Ihrer ersten Internetpräsentation stehen und entsprechend noch nicht auf individuelle Zahlen aus Ihrer allgemeinen Web-Statistik und Google Analytics zurückgreifen können, dann finden Sie im World Wide Web auch übergreifende Statistiken und Informationen.

Auf der Seite *www.webhits.de* finden Sie unter anderem aktuelle Zahlen zu den meistverwendeten Internet-Browsern und Bildschirmauflösungen. Darauf basierend können Sie Ihre Internetpräsentation technisch entsprechend auslegen oder von einem Kooperationspartner auslegen lassen.

Fazit:

Allgemeine Auswertungen und spezielle Tools liefern umfangreiche Zahlen und Informationen zum Umgang der Surfer mit Ihrer Internetpräsentation. Nutzen Sie diese günstige Gelegenheit, mit der richtigen Interpretation dieser Daten Ihre Website ständig weiter zu verbessern.

11.5 Erklärungen und Beispiele zu den Fragen der Checkliste

1. Frage: Haben Sie alle Möglichkeiten in Sachen Auswertungen und Statistiken ausgeschöpft?

Technisch sind dem Wunsch, so viel wie möglich über den Umgang mit Ihrer Internetpräsentation zu erfahren, kaum Grenzen gesetzt. Rechtlich ist zu beachten, dass Sie vereinfacht gesagt keine persönlichen Profile von Surfern aufzeichnen dürfen. Registrieren Sie also einen Visit auf Ihrer Website, oder verfolgen Sie in Google Analytics den Dialog eines Surfers, muss dieser Surfer für Sie anonym bleiben.

Ansonsten stehen Ihnen im Web diverse Anbieter und technische Lösungen zur Verfügung, um Ihnen die Fragen zu beantworten, die Sie indirekt an Ihre Internetpräsentation und Ihre Zielgruppe haben. Bitte beachten Sie schon bei der Auswahl der Fragen, die sich Ihnen stellen, sowie bei der Auswahl der aufzeichnenden und auswertenden Technik, die Sie einsetzen wollen, dass die Ergebnisse nicht reiner Selbstzweck bleiben. Erst die Konsequenz, entsprechend den Ergebnissen zu handeln und beispielsweise einen Dialog auch radikal zu ändern, wenn er nachweislich nicht an der geplanten symbolischen Kasse endet, zeichnet Sie als Marketingprofi aus.

Beispiel aus dem Internet:

Bild 11.12: Immer spannend: Vergleiche mit anderen.

Mindestens genauso interessant wie die mit der eigenen Internetpräsentation generierten Statistiken und Informationen sind die entsprechenden Zahlen Ihrer direkten Mitbewerber.

Vioma (*www.vioma.de*), ein Anbieter von diversen Controlling-Tools, bietet unter anderem die Möglichkeit, die Anzahl Ihrer monatlichen Visits mit denen Ihrer Wettbewerbsunternehmen zu vergleichen.

2. Frage: Haben Sie Zugriff auf sämtliche Web-Statistiken und Auswertungen?

Für die Veröffentlichung einer Internetpräsentation im World Wide Web benötigen Sie zwingend einen Server oder einen Hosting-Vertrag. Und egal, ob Sie einen Hosting-Vertrag mit einem großen Internet-Service-Provider wie T-Online oder 1&1 vereinbaren oder selbst einen Web-Server unterhalten: Die für den Betrieb eines Web-Servers benötigten Software-Pakete beinhalten immer auch die Aufzeichnung der schon erwähnten Server-Logs. Alle Internet-Service-Provider stellen adäquate Auswertungsprogramme zur Verfügung, die aus den Zahlenwüsten der Server-Logs auch für Laien verständliche Informationen und grafisch aufbereitete Statistiken erstellen.

Wichtig ist also nur, dass Sie den Zugang zu den allgemeinen Web-Statistiken bei Ihrem Internet-Service-Provider direkt benutzen oder auch einen Kooperationspartner beauftragen, Ihnen regelmäßig die aktuellsten Auswertungen und Statistiken zukommen zu lassen. Selbstverständlich sollten Sie auch die permanenten Zugriffsmöglichkeiten auf die Analysen von speziellen Tools wie Google Analytics und Ihre individuellen Zugriffszähler nutzen und in Ihre Bewertungen einbeziehen. Wenn Sie regelmäßig einen Newsletter versenden, sollten Sie auch diese Daten bewerten.

Beispiel aus dem Internet:

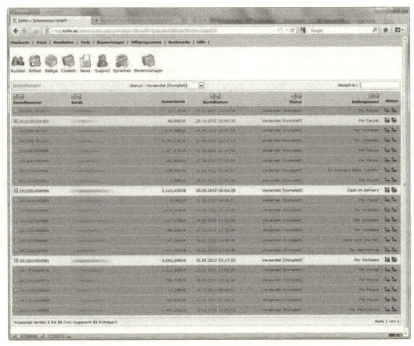

Bild 11.13: Eindeutigstes Indiz für den Erfolg eines
Online-Shops sind die eingegangenen Bestellungen.

Gute Umsätze und stetige Zuwachsraten Ihres Online-Shops sollen Sie aber
nicht davon abhalten, z. B. mithilfe von Google Analytics den erhaltenen Bestellungen auch die monatlichen Besucher entgegenzustellen oder die von
Google Analytics angebotenen Controlling-Werkzeuge »Ziele« und »Trichter«
einzusetzen.

3. Frage: Werten Sie die erhaltenen Informationen regelmäßig aus?

Das permanente Controlling ist in seinen organisatorischen Strukturen direkt
mit denen der fortlaufenden Aktualisierung gleichzusetzen. Sie und Ihre Mitarbeiter brauchen einerseits die technischen Voraussetzungen, um überhaupt

Informationen und Auswertungen zu erhalten, aber auch die Motivation, den Fleiß und die Disziplin, sich regelmäßig damit auseinanderzusetzen.

Nutzen Sie also die für die permanenten Aktualisierungen etablierten Strukturen, um auch das Controlling regelmäßig und zuverlässig vornehmen zu können. Denn um es noch einmal zu betonen: Wenn Sie das Controlling nicht als reines Lesen von Zahlen interpretieren, sondern aus den verschiedenen Vergleichen und Auswertungen konkrete Maßnahmenkataloge ableiten, dann liegt im regelmäßigen Controlling eine wesentliche Schubkraft für die permanente Optimierung Ihrer Internetpräsentation.

Beispiel aus dem Internet:

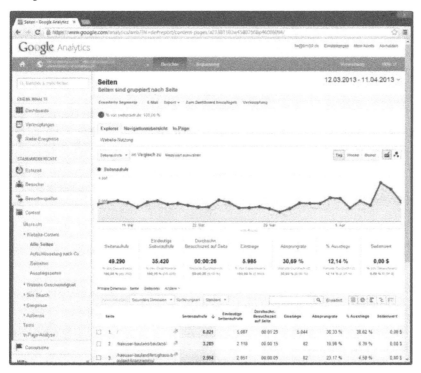

Bild 11.14: Wichtiger als die Zahlen selbst ist die regelmäßige Auswertung.

Interessant ist beispielsweise alle zehn Monate ein Vergleich der am häufigsten angeklickten Seiten mit den zehn am wenigsten besuchten Seiten. Befinden sich die Seiten mit Ihren Informationsprioritäten oder Ihre wesentlichen symbolischen Kassen immer unter den Top Ten, dann sind Sie auf dem richtigen Weg. Sollten aber Informationen, die die Besucher aus Ihrer Sicht unbedingt wahrgenommen haben müssen, bevor sie Ihre Seiten wieder verlassen, nachweislich nicht angeklickt werden, besteht Handlungsbedarf für die Überprüfung aller in diesem Buch angesprochenen Bestandteile und Erfolgskriterien Ihrer Internetpräsentation.

4. Frage: Führen Sie zusätzlich Umfragen und Tests durch?

Online-Umfragen sind nur so gut wie die Fragen, die Sie innerhalb dieser Befragung stellen. Oder präziser gesagt, helfen Ihnen Fragen im Stil von »Wie gefallen Ihnen unsere Bilder?« nur bedingt weiter. Dennoch sollten Sie Ihre Internetpräsentation besonders vor der Veröffentlichung einer neuen Internetpräsentation oder vor umfangreichen Umgestaltungen auch testen lassen.

Die Möglichkeiten einer solchen Überprüfung sind natürlich vielfältig und reichen von einfachen Ein-Mann-Tests bis hin zu umfangreichen Studien spezialisierter Labors. Testen zu lassen heißt mindestens, dass dieser Test ausschließlich von Mitarbeitern, Stammkunden oder Kooperationspartnern vorgenommen werden sollte, die nicht direkt am Projekt der Ersterstellung oder Überarbeitung Ihrer Website beteiligt waren.

Projektbeteiligte, die zum Beispiel den Dialog zusammengestellt haben, können natürlich nicht mehr unbedingt objektiv beurteilen, ob dieser auch benutzerfreundlich und intuitiv erfassbar ist.

Testen heißt außerdem, den Probanden konkrete Aufgaben zu stellen, die sie innerhalb Ihrer Internetpräsentation erledigen müssen:

• Buchen Sie ein Zimmer vom ... bis ... für 3 Personen bzw. 2 Erwachsene, ein Kind und einen Hund.

• Kaufen Sie 2 neue Reifen der Marke ... in der Abmessung ...

• Welche Serviceleistungen sind bei uns inbegriffen?

• Wer ist bei uns für die Kundendiensttermine zuständig?

Nicht zuletzt darf niemand die Probanden beim Testen beeinflussen. Beobachten und dokumentieren Sie alle Bewegungen, Bemerkungen und Reaktionen bei der Erledigung der Aufgaben, eventuell sogar mit einem Videofilm. Eingriffe in den Test, indem Sie etwa sagen: »Klicken Sie mal hier ...«, sind aber absolut tabu.

Beispiel aus dem Internet:

Bild 11.15: Befragung per E-Mail-Formular.

Befragungen in Form von individualisierten E-Mail-Formularen technisch zu etablieren ist nicht sonderlich kompliziert. Wesentlich schwieriger ist es, auch Fragen zu stellen, die auswertbare Ergebnisse liefern können.

11.6 Die Checkliste »Controlling«

Bewerten Sie jetzt mithilfe der folgenden Checkliste das Controlling rund um
Ihre Internetpräsentation.

Abfrage	1	2	3	4	5	6	Persönliche Bemerkungen	Priorität
Haben Sie alle Möglichkeiten in Sachen Auswertungen und Statistiken ausgeschöpft?								
Haben Sie Zugriff auf sämtliche Web-Statistiken und Auswertungen?								
Werten Sie die erhaltenen Informationen regelmäßig aus?								
Führen Sie zusätzlich Umfragen und Tests durch?								

Bewertung: 1 = sehr gut; 6 = ungenügend – Priorität: 1 = sehr hoch; 6 = unwichtig

12 Vermarktung Ihrer Internetpräsentation

Wie untrennbar das World Wide Web in den klassischen Marketing- bzw. Kommunikationsmix eingebunden ist, zeigt sich im täglichen Leben. Ganz selbstverständlich wird in Fernsehspots auf Internetpräsentationen verwiesen. Firmen wie *www.pharma24.de*, die früher ausschließlich online Waren verkauft haben, eröffnen Filialen in der Fußgängerzone. Und so wie Online- und Offline-Marketingmaßnahmen Hand in Hand gehen müssen, muss auch die Vermarktung Ihrer Internetpräsentation quer durch alle Kanäle und Maßnahmen angelegt sein, die Ihre Zielgruppe erreichen können.

Damit unterscheidet sich eine heute neu veröffentlichte Internetpräsentation zunächst einmal nicht von der Eröffnung einer Diskothek in der Vor-Internetzeit. Mit Eröffnungsveranstaltungen, Zeitungsanzeigen, Beilagen, Flyern, redaktionellen Presseberichten oder Funk- und Fernsehspots musste der Diskothekenbesitzer dafür sorgen, dass schnell viele Gäste kommen. Und natürlich musste er diesen Gästen eine perfekte Nacht bieten, um darauf hoffen zu können, weiterempfohlen zu werden.

Mit dem Siegeszug des World Wide Web ist zu der Tatsache, dass Sie selbst aktiv werden müssen, um ein Produkt oder eine Dienstleistung in der Zielgruppe zu verbreiten, allerdings ein neuer Aspekt hinzugekommen. Denn heute werden Ihre potenziellen Kunden auch selbst aktiv, indem sie nach Ihnen suchen. Sie müssen also nicht mehr nur auf sich aufmerksam machen, sondern auch dafür Sorge tragen, dass Sie gefunden werden.

Fazit:

Das Bekanntmachen Ihrer Internetpräsentation innerhalb Ihrer Zielgruppe müssen Sie unbedingt auch mit klassischen Marketing- und Kommunikationsmaßnahmen unterstützen. Bedeutend ist aber auch das Wissen, dass Kunden heute nicht mehr nur passiv auf Informationen zu Produkten und Dienstleistungen warten, sondern aktiv im World Wide Web nach ihnen suchen.

12.1 Google & Co.

Vereinfacht gesagt: Ihre Zielgruppe findet Ihre Internetpräsentation im World Wide Web mithilfe einer Suchmaschine wie Google, Yahoo oder Bing, wenn diese Suchmaschinen Ihre Internetpräsentation nach intensiver Überprüfung für würdig befunden haben, gefunden zu werden. Zu Zeiten der Veröffentlichung der ersten Suchmaschinen war es noch teilweise möglich, einer Suchmaschine quasi vorzuschreiben, unter welchen Suchbegriffen Ihre Internetpräsentation angezeigt werden sollte. Heute hingegen müssen Sie sich streng an die Prüfkriterien halten, um überhaupt angezeigt zu werden.

Aber gerade die Tatsache, dass es heutzutage nahezu unmöglich ist, dass eine Internetpräsentation unter dem Suchbegriff »grüner Gurkensalat« angezeigt wird, ohne dass sie irgendetwas mit grünem Gurkensalat zu tun hat, macht auch den Erfolg von Google & Co. aus. Anders gesagt kommt es den Surfern zugute, dass unter eingegebenen Suchbegriffen auch nur Internetpräsentationen gefunden werden, die zum Suchbegriff passende Informationen, Produkte und Dienstleistungen zur Verfügung stellen.

Damit ist auch eine weitere Grundvoraussetzung für eine erfolgreiche Vermarktung Ihrer Internetpräsentation definiert. Technisch und organisatorisch müssen Sie Ihre Webpräsenz standardmäßig so vorbereiten, dass sie den Ansprüchen und den Kriterien der meistgenutzten Suchmaschinen genügt.

Mit den Mitteln der Suchmaschinenoptimierung können Sie dann noch diverse Maßnahmen ergreifen und versuchen, im Rahmen der von den Suchmaschinen aufgestellten Grenzen Ihre Internetpräsentation in der Auflistung der Suchergebnisse besser zu platzieren, als es die Webpräsenz Ihres direkten Mitbewerbers ist.

Bereits in den vorangegangenen Kapiteln wurde Ihr Blick über den Tellerrand hinausgehoben. Sie wurden immer wieder auf die Vernetzung der verschiedensten Faktoren und deren gegenseitige dynamische Abhängigkeiten hingewiesen, die bei erfolgreichen und intuitiv erfassbaren Internetpräsentationen zusammenkommen. Entsprechend soll dieses Kapitel Sie dafür sensibilisieren, sich nicht ausschließlich auf die Suchmaschinenoptimierung zu verlassen, wenn es um die Vermarktung Ihrer Website geht.

Suchmaschinenoptimierung ist zudem genauso ein permanenter Prozess wie die Aktualisierung Ihrer Seite. Die permanente Weiterentwicklung der Suchmaschinen und der Techniken für die Etablierung von Internetpräsentationen allein sorgen schon dafür, dass Sie mit der Suchmaschinenoptimierung für Ihre Internetpräsenz nie fertig sind und es keine Garantie dafür gibt, dass sie immer genau so in der Suchergebnisliste auftaucht, wie Sie es sich nach dem betriebenen organisatorischen und finanziellen Aufwand eigentlich ausgerechnet haben.

Für die Maßnahmen zur Suchmaschinenoptimierung gilt außerdem das Prinzip »Viel hilft viel« nicht. Es steht Ihnen eine Palette von Maßnahmen zur Verfügung, aus der Sie Schritt für Schritt die aktuell notwendigen Elemente aussuchen und anwenden sollen. Die folgende Liste nennt Ihnen einige Stichpunkte und Richtlinien, die nach aktuellem Wissensstand zu beachten und umzusetzen sind:

• Definieren Sie Suchbegriffe und Wortkombinationen und prüfen Sie sie auf ihre Bekanntheit und Verwendung innerhalb Ihrer Zielgruppe.

• Tragen Sie die herausgearbeiteten Suchbegriffe und Wortkombinationen in die Programmcodes Ihrer Internetpräsentation ein, beispielsweise in die Seitentitel.

• Stimmen Sie die Seitentitel, Seitenbeschreibungen und Inhaltstexte Ihrer Internetpräsentation inhaltlich aufeinander ab.

• Lösen Sie Fließtexte in den Inhaltsbereichen auf und etablieren Sie die Inhalte neu mit Überschriften und Aufzählungen.

• Etablieren Sie Domain-Netzwerke (wir gehen im folgenden Abschnitt genauer darauf ein).

• Etablieren Sie Verknüpfungen mit »Freunden« der wesentlichen Suchmaschinen, frei nach dem Prinzip »Verbinde Dich mit Googles Freunden, dann bist Du Googles Freund«.

• Aktualisieren Sie permanent Inhalte und Verlinkungen.

• Bauen Sie kontextbezogen Verlinkungen zu externen Seiten ein.

• Lassen Sie andere Seiten auf Sie verlinken, geben Sie dabei den Link vor, am besten direkt auf eine Content-Seite Ihrer Internetpräsentation.

12.2 Domain-Namen

Wesentliche Voraussetzung für den Betrieb und auch die Vermarktung einer geschäftlich genutzten Internetpräsentation ist eine Domain, die auf Ihren Namen registriert ist. Unter dieser »Domäne« wird Ihre Internetpräsentation im Rahmen Ihres Vertrages mit einem Internet-Service-Provider im Web dargestellt und über sie können Sie E-Mails verschicken.

Vereinfacht gesagt besteht eine Domain, wie sie im täglichen Sprachgebrauch häufig genannt wird, aus einem Namen (z. B. tim99) und aus einer Top-Level-Domain (z. B. .de). Zusammen ergeben diese beiden Bestandteile eine Adresse oder Anschrift, die in einen Internet-Browser eingegeben werden kann und in den Suchmaschinen gelistet wird.

Die Top-Level-Domains werden unter anderem länderspezifisch vergeben. ».de« steht für Deutschland. Andere Top-Level-Domains stehen für Organisationen bzw. Interessengruppen: ».com« ist die Top-Level-Domain für eine quasi weltweit gültige Adresse. Die länderspezifischen Behörden, Organisationen bzw. Interessengemeinschaften überwachen die Vergabe und die Reservierung der Domains in Verbindung mit den jeweiligen Top-Level-Domains. Diese Dienstleistungen lassen sich die Länder, Organisationen bzw. Interessengemeinschaften in Form von Erstreservierungs- und Jahresgebühren bezahlen. Meistens für ein Jahr im Voraus werden Ihnen dann die Kosten in Rechnung gestellt. In den meisten Fällen erfolgt die Weiterverrechnung über den Internet-Service-Provider, der wiederum die Kosten separat abrechnet oder in den Hosting-Vertrag einkalkuliert. Je nach Absprache gibt es dann diverse Kündigungsfristen, zu denen Sie reservierte Domains wieder freigeben können, die dann von anderen Interessenten eingesetzt werden können.

Da eine Domain eine Art Adresse für Ihr Unternehmen ist, müssen Sie bei der Reservierung unbedingt darauf achten, dass sie erstens genau Ihre etablierte Firmierung im Namen abbildet (z. B. Bosch) und gleichzeitig schon anhand der Top-Level-Domain anzeigt, wo Sie beheimatet sind (».de« bedeutet: in

Deutschland) oder wo Sie Ihren Tätigkeitsbereich sehen (».com« steht für weltweites Engagement).

Die Vergabe von Domains unterliegt markenschutzrechtlichen Bestimmungen. Allerdings gilt von Fall zu Fall auch das Prinzip »Wer zuerst kommt, mahlt zuerst«. Tatsache ist, dass Domains von Ländern, Organisationen und Interessengruppen als eine Kombination aus Namen und Top-Level-Domain immer nur ein einziges Mal vergeben werden! Diese behördlich überwachte Vergabe, in Deutschland durch die sogenannte DENIC vorgenommen, gibt Ihnen die Sicherheit, dass eine Domain, die Sie rechtmäßig erworben haben, so lange auf Sie eingetragen bleibt, wie Sie es wollen. Das wirft aber auch die Problematik auf, dass die Zahl an weltweit verfügbaren (sinnvollen) Domains begrenzt ist.

Wenn Sie also vorhaben, in Deutschland demnächst unter Ihrem Familiennamen Otto eine Bar zu eröffnen, dann werden Sie leider auf die Domain *www.otto.de* nicht zurückgreifen können. In einem solchen Fall müssen Sie nach verfügbaren Alternativen suchen. Eine Möglichkeit besteht darin, Ihren Namen durch den Geschäftsgegenstand zu ergänzen, z. B. *www.bar-otto.de* oder *www.otto-bar.de*. Alternativ können Sie den Namen um eine regionale Angabe ergänzen, z. B. *www.otto-erlangen.de* oder *www.bar-otto-erlangen.de*.

Außerdem steht es Ihnen alternativ frei, die Namen und Kombinationen auf die Verfügbarkeit unter anderen Top-Level-Domains zu prüfen. Denkbar wäre auch eine Domain *www.otto-bar.eu*, ».eu« ist eine Top-Level-Domain, die von der Europäischen Union vergeben wird. Dabei ist allerdings zu beachten, dass Sie nicht auf Biegen oder Brechen eine exotische Top-Level-Domain aussuchen sollten. Wenn Sie also z. B. *www.otto-bar.biz* reservieren könnten, wählen Sie mit ».biz« eine Top-Level-Domain, die bisher eher wenigen Surfern geläufig ist. Wird Ihre Internetpräsentation über eine Suchmaschine angesteuert, ist die Top-Level-Domain ».biz« kein Hindernis. Aber vielleicht haben Sie sich ja auch schon mal dabei erwischt, dass Sie zwar einen Namen in Erinnerung haben, Ihnen die Top-Level-Domain aber nicht mehr einfällt und Sie deshalb instinktiv das .de an otto-bar anhängen?! In diesem Fall würde dann aber nicht die gewünschte Seite erscheinen, da für die Otto-Bar nur die Domain *www.otto-bar.biz* reserviert wurde.

Das mag an dieser Stelle banal klingen. Aber wenn Sie die in diesem Buch festgelegte Grundregel »Machen Sie es dem Surfer so einfach wie nur irgend möglich, mit Ihrer Internetpräsentation in einen Dialog zu treten« konsequent befolgen wollen, dann ist es sinnvoll, nur die bestmögliche Kombination aus Namen und Top-Level-Domain für Ihre Website zu verwenden. Soll Ihnen Ihre Domain bei der Vermarktung Ihrer Internetpräsenz helfen, dann sollte sie auch einprägsam und leicht zu kommunizieren sein.

Komprimieren Sie für den Namen in der Domain zum Beispiel Ihre Wortkombinationen zu knackigen Abkürzungen, dann können Sie unter Umständen zwei Fliegen mit einer Klappe schlagen. Kürzen Sie für die Reservierung einer Domain Ihre Firmierung »Otto- Bar« in z. B. »OBa« ab, haben Sie die unter Umständen schon besetzte Domain *www.otto-bar.de* elegant umgangen.

Und zweitens lässt sich *www.oba.de* noch besser kommunizieren. Die Sätze »Schauen Sie für das aktuelle Musikprogramm auf *www.oba.de*« oder »Schicken Sie mir bitte eine E-Mail an *info@oba.de*« sind am Telefon sehr einfach weiterzugeben und für den Interessenten leicht zu merken.

Fazit:

Die optimale Domain, die Sie reservieren können, trägt Ihren Firmennamen, Ihre länderspezifische Top-Level-Domain und ist kurz und einprägsam.

12.2.1 Die wichtigsten Top-Level-Domains

Es gibt über 200 länderspezifische Top-Level-Domains und solche, die von Organisationen oder Interessengemeinschaften vergeben werden. Bei der folgenden Auflistung handelt es sich um die Top-Level-Domains, um die Sie sich für ein in Deutschland beheimatetes Unternehmen mit den oben schon beschriebenen Individualisierungsmöglichkeiten bemühen sollten.

In dieser Auflistung sind die wichtigsten Top-Level-Domains unserer direkten europäischen Nachbarn nicht berücksichtigt. Aber soweit es innerhalb der jeweiligen Landesvorschriften möglich ist, sollten Sie auch über eine Reservierung einer ausländischen Top- Level-Domain nachdenken. Denn haben Sie sich als Hotelier unter Berücksichtigung der schon beschriebenen strengen

Abwägungen nach Möglichkeiten, Aufwand und Nutzen für eine Akquisestrategie Ihres Urlaubshotels in Österreich entschieden, dann gehört auch die Reservierung einer Domäne mit der Top-Level-Domain».at« dazu.

Fazit:

Besonders internationale Vermarktungsstrategien und Sprachversionen Ihrer Internetpräsentation sollten so weit wie möglich auch mit der Reservierung von entsprechend abgestimmten Länder-Top-Level-Domains unterstützt werden.

Top-Level-Domains für Hauptdomains von in Deutschland ansässigen Unternehmen:

Unter einer Hauptdomain versteht man die Domain, die nach dem oben beschriebenen Vorgehen ausgesucht und reserviert wird, um Ihr Unternehmen effektiv bei der Vermarktung zu unterstützen. Es handelt sich dabei also um die Domain, die innerhalb Ihres klassischen CD/CI auf Briefpapieren, Visitenkarten usw. kommuniziert wird.

• .de für ein in Deutschland ansässiges Unternehmen

• .com gleichzeitig als Symbol für ein weltweites Tätigkeitsfeld

• .eu gleichzeitig als Symbol für ein mindestens europäisches Tätigkeitsfeld

• .info gleichzeitig als Symbol für ein »Informationsunternehmen«

• .net gleichzeitig als Symbol für IT-Unternehmen

• .biz gleichzeitig als Symbol für Business

12.2.2 E-Mail-Adressen @Hauptdomain

Ihre Hauptdomain sollte auch Teil Ihrer E-Mail-Adressen sein. Mit der Reservierung von z.B. *www.otto-bar.de* und dem Abschluss eines Hosting-Vertrags mit einem Internet-Service-Provider haben Sie die Möglichkeit, sich beliebige E-Mail-Adressen mit der Endung *@otto-bar.de* anzulegen.

Haben Sie eine Hauptdomain für sich reserviert, sollten Sie auch ausschließlich E-Mail-Adressen mit dieser Hauptdomain als Endung verwenden. Bisher benutzte E-Mail-Adressen wie z. B. *otto-bar@t-online.de* usw. haben dann nichts mehr auf Ihrem Briefpapier oder auf anderen Kommunikationsunterlagen zu suchen, denn sonst vertun Sie die Chance, Ihre Internetpräsentation schnell und einfach bekannt zu machen. Jede E-Mail, die Sie mit Ihrer Hauptdomain als Endung verschicken, nennt dem Empfänger zwangläufig die Adresse Ihrer Internetpräsentation. So einfach und doch so wirkungsvoll kann die Vermarktung Ihrer Webpräsenz sein.

Haben Sie nach den genannten Richtlinien eine Hauptdomain reserviert, sind auch die E-Mail-Adressen automatisch kurz, prägnant und einprägsam. Doch Ausnahmen bestätigen bekanntlich die Regel. So ist es durchaus denkbar, dass auch eine lange Domain prägnant und einprägsam sein kann oder sogar absichtlich längere Domains reserviert werden. So lautet beispielsweise eine für t.i.m. reservierte Domain *www.team-fuer- internet-marketing.de*. Eine dazu passende E-Mail-Adresse würde z.B. *falk.bauer@team-fuer-internet-marketing.de* lauten.

Aber E-Mail-Adressen dieser Länge können nicht optisch ansprechend auf Visitenkarten und Ähnlichem gedruckt werden. Aus diesem Grund kommuniziert t.i.m. gezielt mehrere Domains. Neben *www.team-fuer-internet-marketing.de* existiert eine zusätzlich reservierte Kurzdomain *www.tim99.de*, die vor allem die Kommunikation und optische Darstellung der E-Mail-Adressen (*falk.bauer@tim99.de*) vereinfacht. Die organisatorischen und vermarktungstechnischen Einzelheiten solcher zusätzlich reservierten Domains und die daraus folgenden Domainnetzwerke werden im nächsten Abschnitt genauer vorgestellt.

Gestaltung von E-Mail-Adressen

Sie überlassen bei der Vermarktung Ihrer Internetpräsentation nichts dem Zufall, und Sie lassen auch nicht die kleinste Gelegenheit aus, Ihr Unternehmen, Ihre Produkte und Dienstleistungen zu präsentieren? Wenn das so ist, dann spielt auch die Gestaltung Ihrer E-Mail-Adressen eine kleine, aber wichtige Rolle.

Denn genau so wie jede verschickte E-Mail oder kommunizierte E-Mail-Adresse Ihre Domain verbreitet, so wird auch alles im World Wide Web verbreitet, was vor dem @ angelegt ist. Außerdem stellen die Kombinationen aus einem Namen und einem Vornamen vor dem @ und einer auf Sie reservierten Domain wiederum eine zu hundert Prozent eindeutige Adresse dar, die nur ein einziges Mal auf der Welt angelegt und betrieben werden kann.

Da es wie beschrieben wichtig ist, den Dialog zwischen Ihrer Internetpräsentation und dem Surfer mit Mitarbeiterpräsentationen zu fördern, sollten Sie für die E-Mail-Adressen möglichst Ihren vollständigen Namen und die Namen Ihrer Kollegen mit Ihrer Domain verknüpfen. E-Mail-Adressen, die nur aus den Initialen eines Mitarbeiters (*fb@tim99.de* statt *falk.bauer@tim99.de*) bestehen, sind unpersönlich und schaffen weniger Vertrauen.

Nachdem Sie eine Domain erfolgreich reserviert haben, ist es Ihnen nahezu freigestellt, was Sie vor dem @ zu einer E-Mail-Adresse zusammenstellen.

Sie müssen technisch nur einige wenige Regeln beachten, z. B. dass alles vor dem @ nur aus Buchstaben und Zahlen und einigen bestimmten Zeichen (.!#$%&'*+-/=?^_`{|}~) bestehen darf. Sie werden natürlich wiederum nur E-Mail-Adressen zusammenstellen, die sich leicht kommunizieren und von Ihrer Zielgruppe auch möglichst leicht merken lassen.

Dabei sind es nicht nur Namen und Vornamen, die in einer E-Mail-Adresse ein wichtiges Vermarktungselement darstellen. Sind E-Mail-Adressen wie z. B. *info@...* oder *mail@...* eher technischer Natur und ohne individuelle Prägung in Bezug auf Ihre Produkte und Dienstleistungen, so können zusätzlich angelegte Kombinationen wie *restaurant@...*, *qualitaetssicherung@...* oder *24stundenservice@...* direkt Ihre Informationsprioritäten kommunizieren.

Denkbar ist es auch, Produktnamen in eine E-Mail-Adresse einzubinden.

Fazit:

Die Zusammenstellung von E-Mail-Adressen sollte nicht dem Zufall überlassen werden und kommuniziert zusätzlich aktiv Ihre Mitarbeiter und Informationsprioritäten.

12.2.3 Empfehlungen für die Zusammenstellungen von E-Mail-Adressen

E-Mail-Adressen mit Namen

* vorname.nachname@domain (z. B. *falk.bauer@tim99.de*)
* vorname-nachmane@domain (z. B. *falk-bauer@tim99.de*)
* abgekürzter Vorname.nachname@domain (z. B. *f.bauer@tim99.de*)
* abgekürzter Vorname-nachname@domain (z. B. *f-bauer@tim99.de*)
* abgekürzter Vornamenachname@domain (z. B. *fbauer@tim99.de*)
* nachname@domain (*bauer@tim99.de*)

E-Mail-Adressen mit Informationsprioritäten

* *lieferungfreihaus@domain*
* *kostenlos@domain*
* *qualitaetsbeauftragter@domain*
* *wir.freuen.uns.auf.sie@domain*
* *coole.klamotten@domain*
* produkt oder dienstleistungsname@domain (z. B. *kinderriegel@domain*)

Beispiel aus dem Internet:

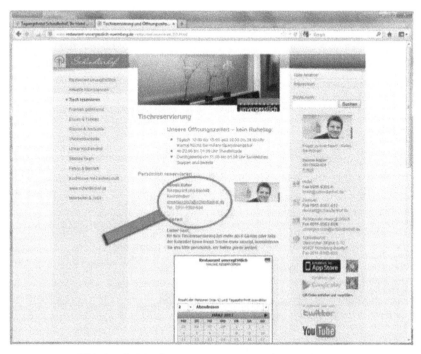

Bild 12.1: Bei der Zusammenstellung von E-Mail-Adressen
sind der Fantasie kaum Grenzen gesetzt.

Das Restaurant des schon mehrfach als Beispiel genannten Hotels Schindlerhof trägt den Eigennamen »unvergESSlich«. Jegliche Korrespondenz des Restaurants wie Newsletter, Bestätigungen für Veranstaltungen oder Tischreser-
vierungen wird über die E-Mail-Adresse *unvergesslich@schindlerhof.de*
abgewickelt.

12.3 Domain-Netzwerke

Nach der erfolgreichen Reservierung einer Hauptdomain wie z. B. *www.otto-
bar.de*, über die dann nicht nur Ihre Internetpräsentation erreichbar ist, sondern
wie erwähnt auch Ihre E-Mails (z. B. *reservierung@otto-bar.de*) verschickt

279

werden, können Sie sich noch um den Aufbau eines Domain-Netzwerks kümmern. Netzwerk deshalb, weil Sie um Ihre Hauptdomain herum noch weitere Domains reservieren, mit denen Sie ein Netz aus Domains im World Wide Web aufspannen, das auf Ihre Hauptdomain verweist. Technisch wird das so gelöst, dass alle auf Sie reservierten Domains auf die Hauptdomain auf den Server Ihres Internet-Service-Providers umgeleitet werden. Haben Sie also zusätzlich erfolgreich die Domain *www.ottobar.de* reservieren können, dann wird trotzdem direkt die Internetpräsentation unter *www.otto-bar.de* angezeigt, wenn ein Surfer die Netzwerk-Domain *www.ottobar.de* in seinen Internet-Browser eingibt.

Die Umleitungen von Netzwerk-Domains auf Ihre Hauptdomain sind in der Regel im abgeschlossenen Hosting-Vertrag enthalten und verursachen keine zusätzlichen Kosten bei Ihrem Internet-Service-Provider. Außerdem sind die Gebühren für die Erstreservierungen von Domains je nach Top-Level-Domain zwar unterschiedlich hoch, stellen aber wie die jährlichen Kosten pro Domain quasi nur einen symbolischen Betrag dar. Mit welcher vertraglichen Absprache auch immer Sie Ihre Domains verwalten oder verwalten lassen: Es kostet kein Vermögen, Domains zu reservieren und reserviert zu halten. Die Vorteile eines Domain-Netzwerks lassen sich meistens sehr gut gegen den Aufwand aufwiegen.

12.3.1 Vorteile eines Domain-Netzwerks

• Sie entziehen direkten Mitbewerbern den Zugriff auf die besten Domains.

• Sie eröffnen sich verschiedene Kommunikationsmöglichkeiten in Abhängigkeit vom Medium, über das die Domain kommuniziert werden soll. So geben Sie am Telefon eine kurze und prägnante Domain weiter und drucken z. B. auf einer Lkw-Plane eine längere, aber dafür aussagekräftige Domain.

• Domain-Netzwerke unterstützen, wenn sie nach den Vorgaben von Suchmaschinen richtig angewendet werden, nach aktuellem Wissensstand Suchmaschinenoptimierungen, wenn die Domains Suchbegriffe enthalten, unter denen eine Internetpräsentation gefunden werden soll.

• Domains können unmittelbar Leistungen und oder Produkte kommunizieren und werden dann sprechende Domains genannt.

• Domains mit internationalen Top-Level-Domains unterstützen mögliche internationale Vermarktungskonzepte.

12.3.2 Abwandlungen der Hauptdomain

Um Domains prägnant, einprägsam und leicht kommunizierbar zu machen, werden die Begriffe idealerweise durch Bindestriche getrennt, sobald die noch verfügbare Domain aus zwei oder mehr Begriffen besteht.

Abgewandelt und zusätzlich reserviert werden Domains, indem Sie die Bindestriche zwischen den Begriffen weglassen und/oder die Reihenfolge der Begriffe verändern.

Außerdem können Sie Ihre Hauptdomain abwandeln, indem Sie zusätzlich zu Ihrer .de-Domain noch weitere Top-Level-Domains reservieren, um unter anderem zu vermeiden, dass direkte Mitbewerber eine Domain verwenden, die sich nur über die Top-Level-Domain von Ihrer Domain unterscheidet. Und wie schon erwähnt, unterstützen internationale Top-Level-Domains als Abwandlungen Ihrer Hauptdomain globale Vermarktungskonzepte für Ihre Internetpräsentation.

Beispiele für Abwandlungen der Hauptdomain *www.otto-bar.de*

• *www.otto-bar.com/.eu/.ch/.at/.it*

• *www.bar-otto.de/.com/.eu/.ch/.at/.it*

• *www.ottobar.de/.com/.eu/.ch/.at/.it*

• *www.barotto.de/.com/.eu/.ch/.at/.it*

12.4 Sprechende Domains

Domains können auch Ihre Informationsprioritäten repräsentieren. In diesem Zusammenhang wird häufig der Begriff sprechende Domain verwendet. Im Folgenden finden Sie eine Darstellung der wesentlichen Kategorien für sprechende Domains und einige dazu passende Beispiele für *www.otto-bar.de*.

Selbstverständlich können diese Domains wiederum abgewandelt oder um weitere Top-Level-Domains ergänzt werden. Der Fantasie sind kaum Grenzen gesetzt, und sprechende Domains sind keineswegs nur schöne Nebengeräusche. Vielmehr repräsentieren sprechende Domains unter Umständen deutlicher als Hauptdomains die enge Verknüpfung von Offline- und Online-Marketingmaßnahmen.

Produktbezogene sprechende Domains

- *www.mojito.de*

- *www.otto-mojito.de*

- *www.mojito-erlangen.de*

- *www.mojito-bar.de*

Beispiel aus dem Internet:

Bild 12.2: Mit Domains können Sie eine ganze Menge anfangen!

Bei eingetragenen Marken wie »Kinderschokolade« ist es heute natürlich Pflicht, sich entsprechende Domains zu reservieren. Aber auch im kleineren Stil können produktbezogene Domains, etwa innerhalb von Zeitungsanzeigen, effektiv für die Vermarktung Ihrer Internetpräsentation eingesetzt werden.

Kampagnenbezogene sprechende Domains

- *www.livemusik-otto-bar.de*

- *www.cocktailkurse-erlangen.de*

- *www.donnerstags-ladiesnight.de*

- *www.wir-suchen-barmixer.de*

Beispiel aus dem Internet:

Bild 12.3: Eine sprechende Domain: *www.ausbildungsoffensive-bayern.de*

Auch Non-Profit-Kampagnen bedienen sich schon längst sprechender Domains. Außerdem können Sie besonders bei kampagnenbezogenen sprechenden Domains die enge Verzahnung zwischen Online- und Offline-Marketing nachvollziehen. So wird das hier gezeigte Beispiel, die Ausbildungsoffensive Bayern, unter anderem zusätzlich mit umfangreichen Plakatkampagnen beworben.

Sprechende Domains mit regionalem Bezug

Entsprechende Domains können Sie sowohl von Ihrer Hauptdomain als auch von bereits abgewandelten bzw. sprechenden Domains ableiten.

- *www.otto-bar-erlangen.de*

- *www.mojito-erlangen.de*

- *www.otto-erlangen.de*

- *www.oba-erlangen.de*

Suchbegriffsbezogene sprechende Domains

Wurde bei den bisherigen Beispielen für sprechende Domains hauptsächlich die aktive Vermarktungsrolle betrachtet – es geht also um Domains, die Sie selbst nach außen hin kommunizieren können –, so wird im Folgenden noch der passive Vermarktungspart für Ihre Internetpräsentation besprochen.

Sich in Suchmaschinen auffindbar für die Zielgruppe zu machen setzt unter anderem voraus, dass Sie wissen, mit welchen Suchbegriffen Ihre Zielgruppe nach Ihnen sucht.Da das einfacher klingt, als es ist, gehen die Fragen zur Checkliste dieses Kapitels noch etwas genauer auf diesen Punkt ein.Wenn Sie nun Domains reservieren, die entsprechende Suchbegriffe enthalten und in Ihr Domain-Netzwerk einbinden, schlagen Sie wieder zwei Fliegen mit einer Klappe. Erstens honoriert nach aktuellem Wissensstand die Suchmaschine Google Internetpräsentationen, die unter Domains angezeigt werden, die die eingegebenen Suchbegriffe enthalten. Damit unterstützen solche sprechenden Domains Ihren passiven Vermarktungspart. Und zweitens sind diese Domains zwangsläufig für Ihre Zielgruppe einprägsam und von Ihnen leicht aktiv zu kommunizieren, weil sie genau die Begriffe enthalten, die die Zielgruppe offensichtlich mit Ihren Produkten, Dienstleistungen und mit Ihrer Branche assoziiert.

- *www.cocktailbar-otto-erlangen.de*

- *www.cocktails-erlangen.de*

- *www.livemusik-und-cocktails-erlangen.de*

- *www.afterworkparty-erlangen.de*

Beispiel aus dem Internet:

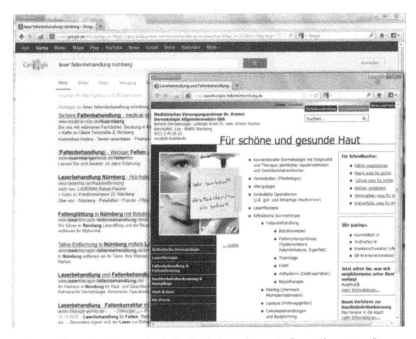

Bild 12.4: Domains können die Auffindbarkeit von Internetpräsentation unterstützen.

Eine Dermatologin aus Nürnberg hat sich in diesem Beispiel die Domain *www.lasertheraphie-faltenbehandlung.de* gesichert. Hier wurden bei Google die Suchbegriffe »Laser«, »Faltenbehandlung« und »Nürnberg« eingegeben

285

und an den ersten drei Stellen der Trefferanzeige (nach den Google AdWords Anzeigen) erschien (28.05.2013) *www.lasertherapie-faltenbehandlung.de*.

12.5 Erklärungen und Beispiele zu den Fragen der Checkliste

1. Frage: Welche Domains haben Sie reserviert?

Ist die Hauptdomain kurz, prägnant, gut kommunizierbar und einprägsam für Ihre Zielgruppe? Hilft Ihnen ein zusätzliches Domain-Netzwerk bei der aktiven und auch bei der passiven Vermarktung Ihrer Internetpräsentation?

2. Frage: Werden Domains, Domain-Netzwerke und E-Mail-Adressen auch innerhalb aller Offline-Kommunikationsmittel (CD/CI) und Offline–Marketingmaßnahmen kommuniziert?

Selbstverständlich sind Ihre Domains und E-Mail-Adressen auf Briefpapieren und Visitenkarten abgedruckt. Mit dem neuen Wissen über die Effektivität von Domains, Domain-Netzwerken und den vielfältigen Gestaltungsmöglichkeiten für E-Mail-Adressen können Sie unter Umständen Online- und Offline-Maßnahmen noch enger verknüpfen, die Stärken der jeweils eingebundenen Medien noch besser ausnutzen und sich zwischen den jeweiligen Vorteilen clever die Bälle zuspielen.

Warum nicht einmal in einer Zeitungsanzeige für die Otto-Bar in Erlangen eine E-Mail-Adresse kommunizieren, die *livemusik@otto-bar.de* lautet? An diese Adresse können Interessenten dann Wünsche zu Bands oder Musikrichtungen senden und damit das Musikprogramm der Bar mitbestimmen. Als kleines Extra könnte unter allen Teilnehmern ein Mixset oder Eintrittskarten für eine bestimmte Veranstaltung verlost werden. Natürlich werden alle Teilnehmer gefragt, ob sie zukünftig den Newsletter der Otto-Bar per E-Mail zugesandt bekommen möchten.

Durch eine clevere Verknüpfung von Online- und Offline-Vermarktung können Sie eine enorme Marketingwelle lostreten. Als Besitzer der Otto-Bar würden Sie durch das Kommunizieren der E-Mail-Adresse *livemusik@otto-bar.de* sowie den anschließenden E-Mail-Verkehr erfahren, was Ihre Zielgruppe gern von Ihnen hätte. Sie forcieren über eine Verlosung oder einen Eintrittspreisnachlass Ihre Handlungspriorität »Kommen Sie zu uns«, erhalten Adressenmaterial und Ähnliches. Derart vernetzt macht Marketing erst richtig Spaß!

3. Frage: Sprechen Sie und Ihre Mitarbeiter Surf-Einladungen aus?

Sobald Sie Internetpräsentationen als sich permanent veränderndes, stets aktives und effizientes Marketing-Tool sehen, das Sie genauso im World Wide Web vertritt, wie Sie und Ihre Mitarbeiter Ihr Unternehmen nach außen vertreten, dann ist es nur ein kleiner Schritt bis zur Surf-Einladung. Unter dem Motto »Tue Gutes und rede darüber« sollte ein Hinweis auf Ihre Internetpräsentation zu einem festen Bestandteil jedes (Telefon-) Gesprächs mit Interessenten und Kunden werden. Laden Sie Ihre Zielgruppe ein, mit Ihnen in Dialog zu treten.

Beispiel aus dem Internet:

Bild 12.5: Klappern gehört zum Handwerk.

Zum Bild 12.5: Der Unternehmensberater Franz-Josef Gomolka versteht es, bei jeder sich bietenden Gelegenheit auf seine Internetpräsentation hinzuweisen. Als Einzelunternehmer hat er es aufgrund von fleißigen Aktualisierungen seiner Internetpräsentation und mithilfe permanenter Sucheinladungen inzwischen auf durchschnittlich 4.000 Besucher pro Monat und einen Newsletter-Abonnentenstamm von fast 900 Adressen gebracht.

4. Frage: Sind Ihre 10 bis 15 wichtigsten Suchbegriffe festgelegt?

Die 10 bis 15 wichtigsten Suchbegriffe, unter denen Sie von Ihrer Zielgruppe gefunden werden wollen, sind als Basis für jegliche Suchmaschinenoptimierung wesentlicher Bestandteil der passiven Vermarktung Ihrer Internetpräsentation.

Im weitesten Sinne geht es bei der Festlegung Ihrer Suchbegriffe darum, vorherzuahnen, welche Worte oder Wortkombinationen Ihre Zielgruppe in eine Suchmaschine eingibt, wenn sie ein Produkt oder eine Dienstleistung sucht, die Ihrem Portfolio und Ihrer Branche entspricht. Und das ist bekanntlich des Pudels Kern im Marketing: Zu wissen, welches Produkt zu welchem Preis und zu welchem Zeitpunkt von einem Kunden gekauft wird.

Wie anspruchsvoll es außerdem sein kann, ausschließlich Begriffe zu verwenden, die von der Zielgruppe auch verstanden werden, haben unter anderem die Überlegungen zur Navigationsbenennung für einen effektiven Dialog in diesem Buch gezeigt. Und wenn Sie außerdem wissen, dass subjektive Wahrnehmungen so vielfältig sein können, wie es Menschen sind, können Sie für die Auswahl Ihrer 10 bis 15 wichtigsten Suchbegriffe darauf schließen, dass das nicht im Vorübergehen erledigt werden kann.

Nehmen Sie deshalb jede Möglichkeit wahr, sich bei der Auswahl Ihrer wichtigsten Suchbegriffe von außen helfen zu lassen und die Begriffe bei Kunden und Kooperationspartnern auf ihre Tauglichkeit als passive Vermarktungselemente prüfen zu lassen. Außerdem bietet das World Wide Web diverse technische Möglichkeiten, Suchbegriffe auf deren globale Verwendung überprüfen und sich alternative und ergänzende Termini vorschlagen zu lassen. Auch allgemeine Web-Statistiken bieten häufig eine Auflistung an, welcher in eine Suchmaschine eingegebene Suchbegriff letztlich zu einem Besuch auf Ihrer Internetpräsentation geführt hat. Das zeigt Ihnen zumindest, welche Suchbegriffe schon zu den gewünschten Ergebnissen führen.

Die Suchmaschine Google bietet mit seinem Programm »AdWords« außerdem ein Tool an, das Ihnen hilft, auch mit mehr oder weniger Suchmaschinenoptimierung Ihrer Website effektiv gefunden zu werden. Darüber hinaus stellt es umfangreiche Statistiken und Vergleiche zur Effektivität Ihrer Suchbegriffe zur Verfügung.

Beispiel aus dem Internet:

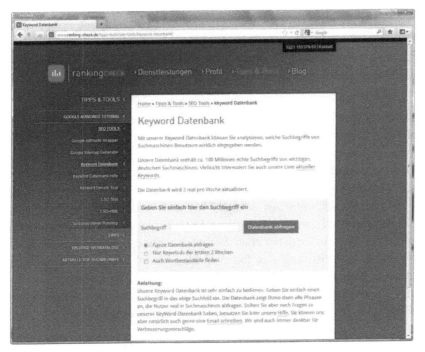

Bild 12.6: Lassen Sie sich bei der Zusammenstellung Ihrer 10 bis 15 wichtigsten Suchbegriffe helfen.

www.rankingcheck.de ist nur ein Beispiel für ein Hilfsmittel aus dem World Wide Web, mit dem Sie Ihre Suchbegriffe auf ihre grundsätzliche Eignung für Suchmaschinen überprüfen können.

5. Frage: Haben Sie die Grundvoraussetzungen für das Auffinden in einer Suchmaschine geschaffen?

Um Ihre Internetpräsentation für Suchmaschinen auffindbar zu machen, müssen Sie sich an die von den Suchmaschinen gemachten technischen und organisatorischen Vorgaben halten. Nicht Sie selbst bestimmen, wo und wie Sie von der Suchmaschine gefunden werden, sondern die Suchmaschine entscheidet, ob und wie Ihre Internetpräsentation angezeigt wird.

Die folgende Liste erhebt keinen Anspruch auf Vollständigkeit, sondern enthält einige Basisanforderungen, die Suchmaschinen an Ihre Internetpräsentation stellen. Das bedeutet aber auch, dass Sie mit der Einhaltung dieser Regeln noch lange keine Garantie auf eine gute Eingliederung in die Suchergebnislisten haben oder sogar schon Suchmaschinenoptimierung betreiben.

Bei der Suchmaschinenoptimierung handelt es sich um ein eigenes Spezialgebiet des Internet-Marketings, das im Rahmen dieses Buches nicht hinreichend dargestellt werden kann. Suchmaschinenoptimierung alleine ist keine Effektivitäts- oder gar Erfolgsgarantie für Ihre Internetpräsentation. Sie ist ein wichtiger Vermarktungsbestandteil, ist aber niemals der permanenten Optimierung Ihres Dialogs voranzusetzen oder als von allen anderen Optimierungsmaßnahmen Ihrer Internetpräsentation losgelöster Projektteil zu betrachten. Nach aktuellem Wissensstand bewerten Suchmaschinen die permanente Veränderung und Aktualisierung von Internetpräsentationen enorm hoch, wenn sie über die Eingliederung in die Suchergebnislisten entscheiden. Ohne also den ersten und den zweiten organisatorischen Bereich für die permanenten Aktualisierungen etabliert zu haben, läuft jede Suchmaschinenoptimierung ins Leere.

Grundvoraussetzungen für Suchmaschinenfindbarkeit

• Die grundsätzliche Qualität der Programmierstrukturen (W3C-Konformität) muss gewährleistet sein.

• Die herausgearbeiteten 10 bis 15 wichtigsten Suchbegriffe und Wortkombinationen müssen in die Programmcodes Ihrer Internetpräsentation, beispielsweise in die Seitentitel, eintragen werden.

• Seitentitel, Seitenbeschreibungen und Inhaltstexte Ihrer Internetpräsentation müssen inhaltlich abgestimmt sein.

• Fließtexte in den Inhaltsbereichen sollten aufgelöst und mit Überschriften und Aufzählungen neu etabliert werden.

• Etablieren Sie Verknüpfungen mit »Freunden« der wesentlichen Suchmaschinen nach dem Prinzip »Verbinde dich mit Googles Freunden, dann bist du Googles Freund«.

• Bauen Sie kontextbezogen Verlinkungen zu externen Seiten ein.

• Lassen Sie andere Seiten auf Sie verlinken; geben Sie dabei den Link vor, am besten auf eine Content-Seite Ihrer Internetpräsentation.

• Inhalte und Verlinkungen müssen regelmäßig aktualisiert, verändert und ergänzt werden.

6. Frage: Arbeiten Sie mit Google AdWords?

Die Auffindbarkeit Ihrer Internetpräsentation ist von komplexen, sich ständig ändernden Auswahlverfahren geprägt und die so erreichten Ziele sind kaum bzw. gar nicht nachvollziehbar. Das ist für das Marketing allgemein ein sehr unbefriedigender Zustand. Denn eigentlich wollen und sollen Sie auch bei der passiven Vermarktung Ihrer Internetpräsenz nichts solchen Zufällen überlassen.

Die aktuell wichtigste und mit Abstand am meisten genutzte Suchmaschine Google hat selbst Abhilfe mit dem Programm AdWords geschaffen.

Wie funktioniert es? Google lässt Sie in einem Benutzerbereich, den Sie sich einrichten können, Suchbegriffe angeben, unter denen Sie gefunden werden wollen. Danach gestalten Sie eine Art Kleinanzeige, die immer dann von Google auf der Suchergebnisliste eingeblendet wird, wenn einer Ihrer angegebenen Suchbegriffe in die Suchmaschine eingegeben wird. In dem Moment, in dem ein Surfer Ihre Kleinanzeige anklickt und damit auf Ihre Internetpräsentation verlinkt wird, berechnet Google einen Betrag für die Benutzung des Links.

Es ist etwas schwierig zu verstehen, warum welche Kleinanzeige in welcher Reihenfolge angezeigt wird und was welcher Klick unter welcher Suchbegriffseingabe letztlich kostet. Aber verlässliche Schutzmechanismen zum Budget, das Sie maximal einsetzen wollen, sowie ausführliche Auswertungs- und Prüfungs-Tools machen es auf jeden Fall lohnenswert, sich mit Google AdWords auseinanderzusetzen und es als Unterstützung der passiven Vermarktung Ihrer Internetpräsentation zu testen.

Beispiel aus dem Internet:

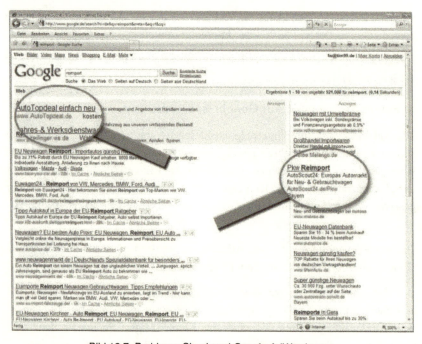

Bild 12.7: Probieren Sie einmal Google AdWords aus.

Mit Kosten für den Anbieter verbunden sind Klicks von Interessenten auf dessen Kleinanzeigen im rechten Bildschirmbereich. Mit Google AdWords erhöhen Sie aber auch ganz entscheidend die Wahrscheinlichkeit, dass Ihre Internetpräsentation von den Surfern gefunden wird.

7. Frage: Haben Sie eigene Affiliate-Programme etabliert?

Bei der Überprüfung der Inhalte Ihrer Internetpräsentation haben Sie bereits die Frage, ob Sie an Affiliate-Programmen teilnehmen, beantwortet. Aber warum nicht selbst Betreibern anderer Websites anbieten, Inhalte oder Interaktivitäten von Ihnen gegen Refinanzierungsgebühren mit zu nutzen?

8. Frage: Betreiben Sie Online-Werbung?

Online-Werbung ist als alleinige Vermarktungsmaßnahme für Ihre Internetpräsentation sicher ungeeignet. Aber eingebunden in komplexe Vermarktungskonzepte sind Online-Werbungen oder Bannertauschkonzepte in Ihre Überlegungen einzubeziehen. Da es sich wiederum um ein spezielles Teilgebiet des Internet-Marketings handelt, für das meistens auch umfangreichere Geldmittel eingesetzt werden müssen, sollten Sie sich für die Beratung, Durchführung und Überwachung entsprechender Kampagnen dringend an spezialisierte Anbieter wenden.

9. Frage: Haben Sie einen Pressebereich?

Königsdisziplin des klassischen Marketings ist nach wie vor aktive Pressearbeit. Nichts ist effektiver und kostet weniger Geld, als wenn in den öffentlichen Medien über Sie und Ihre Produkte und Dienstleistungen berichtet wird. Innerhalb Ihrer Internetpräsentation können Sie mit einem Download-Bereich für vorgefertigte redaktionelle Beiträge und Bilder Ihre Pressearbeit sowie die Arbeit der Medienvertreter erleichtern.

Beispiel aus dem Internet:

Bild 12.8: Pressebereiche machen es leichter, über Sie zu berichten.

Mit einem Pressebereich innerhalb Ihrer Internetpräsentation entlasten Sie nicht nur Ihre Mitarbeiter und Presseverantwortlichen vom Postversand redaktioneller Texte oder Bilder-CDs. Wenn klassische Medien über Sie berichten wollen, verlangen sie meistens alle Informationen extrem kurzfristig und möglichst professionell aufbereitet. Ein separater Pressebereich hilft in einem solchen Fall also enorm.

12.6 Die Checkliste »Vermarktung«

Bewerten Sie jetzt mithilfe der folgenden Checkliste die Vermarktung Ihrer Internetpräsentation.

Abfrage	1	2	3	4	5	6	Persönliche Bemerkungen	Priorität
Welche Domains haben Sie reserviert?								
Werden Domains, Domain-Netzwerke und E-Mail-Adressen innerhalb aller Offline-Kommunikationsmittel (CD/CI) und Offline-Marketingmaßnahmen kommuniziert?								
Sprechen Sie und Ihre Mitarbeiter Surf-Einladungen aus?								
Sind Ihre 10 bis 15 wichtigsten Suchbegriffe festgelegt?								
Haben Sie die Grundvoraussetzungen für das Auffinden in einer Suchmaschine geschaffen?								
Arbeiten Sie mit Google Adwords?								
Haben Sie eigene Affiliate-Programme etabliert?								
Betreiben Sie Online-Werbung?								
Haben Sie einen Pressebereich?								

Bewertung: 1 = sehr gut; 6 = ungenügend – Priorität: 1 = sehr hoch; 6 = unwichtig

Bildnachweis

Alle Bilder innerhalb dieses Buches stammen von:

•Falk Bauer und Frank Wilmowicz

•Titelbild: http://www.shutterstock.com/pic-60143464/stock-photo-internet.html